なんでもかんでも周りと反対のことを言えばいい、のではありませんし、いつでも体制に反対することが正しいわけでもありません。

自分の考えを持って、「これはこの場合こっちが正しい、だからこっちに行くべきだ」と、自分で決めることが大切です。自分の運命は自分で決める。そのためには、歴史で何が起き、どんな失敗があったのか、知らなければなりません。なぜなら、歴史は現代と未来を映す鏡だからです。いまと将来について考えるヒントは、歴史の中にあります。歴史は自分の価値観をつくり、目的や選択をするときの、大きな指針になるのです。

第三に、〝感情〟に支配されない。

歴史を見ると、人が理性的な判断をすることは多いとは言えません。個人がそうであるように、社会も国も感情が支配し、感情のおもむくままに決断を下すことがあります。

頭にきたからぶん殴ってやった。その瞬間は気持ちがいい。でも、結果はどうなるでしょうか。

相手が自分より強かったら、逆襲されて負けるかもしれない。

相手にも道理があったら、あとで殴ったことを後悔するかもしれない。

一時の感情に支配されることなく、何が自分にとって、そして自分を含む周囲にとって正しいのか、判断してほしいのです。

歴史は、感情によって動くことの危うさを教えてくれます。

まとめて言うならば、歴史失敗学とは〝自分を疑わないための学び〟と言っていいかもしれません。なぜなら、自分の考えや行動に信念を持つことができるからです。

あなた自身の「歴史失敗学」を

この講座を聴く皆さんに、お勧めしたいことがあります。

第一に、この講座の「歴史失敗学ノート」をつくってみてください。

各々の話について、自分ならこの失敗からどう回復するか、失敗しないためにどう行動したであろうか、ということを、できれば何かに書き留めていただきたいのです。

箇条書きでもかまいません。

書くことで、歴史が「他人事」ではなくなります。

第二に、あなた自身の「歴史失敗学」をこれからつくってほしいのです。負けた側に立って、負けた原因を考えてみる。

歴史小説や歴史ドラマを見たとき、それを失敗した側から見てほしい。負けた側に立って、負けた原因を考えてみる。

この本で取り上げたのは、歴史の中のほんの一粒にすぎません。膨大な、興味深い歴史はそれこそ山のように存在します。

大きな文明がなぜ滅びたのか。

世界を席巻した国家がなぜ滅亡したのか。

そんな壮大な話から、あなたがお住まいの地域の歴史、例えば江戸時代に起きた一揆や、支配していた大名の転封はなぜ起きたのか、ということもあるでしょう。

失敗を主軸に、負けた側からの歴史を眺めることは、あなた自身にとってとても意義があります。

この本をきっかけにしてあなた自身の「歴史失敗学」をつくっていただければと思います。

第三に、歴史は、生きるための知恵をくれます。つまり、歴史上の失敗を、いまに生かしていただきたいのです。

それは失敗をしないためでもあり、失敗から回復するためでもあります。

失敗とは、成功に掛ける、はしごのようなものです。

だから、成功した人は誰もが失敗している。

失敗を糧にして、より大きな目標に向かって戦いを挑む人と、失敗を認めず、失敗に気づかず、取り返しがつかない状態まで放置する人では、結果はおのずと違ってきます。

この講座を、失敗から学び取るための一助として活用してくださったら、これに過ぎる幸せはありません。

（直接引用した文章については、その場に引用文献を記しました。また必要と思われる箇所にも文献名を書きましたが、それ以外は読みやすさを考え、参考文献はまとめて巻末に記しました）

瀧澤　中

ビジネスマンのための歴史失敗学講義＊目次

講義にあたって

第一講　組織

（徳川幕府、日本海軍、海軍航空隊、大日本帝国憲法、水戸藩）

第二講　指導者

（松平容保、上杉鷹山、徳川慶喜、近衛文麿、武田勝頼、井伊直弼、高橋是清）

（2）能力と性格

第三講　重臣

（彭徳懐、劉少奇、林彪、周恩来、片桐且元）

第四講　勝利

（エルヴィン・ロンメル、本能寺の変、桶狭間合戦、日露戦争、長宗我部元親、マジノ要塞、戦艦「大和」、大坂城）

第五講 「対外関係」

（足利義昭、蒋介石、福島正則、汪兆銘、台湾断交）

第六講　「経済」
（真空管、元禄時代、徳川吉宗、田沼意次）

（2）負ける経済の仕組み

第七講　失敗を恐れるな

（福島丹波、宮崎繁三郎、駆逐艦「涼月」、「島津の退き口」、海軍兵学校、二宮尊徳、福田赳夫）

装幀――秦 浩司

第一講

組織

皆さんようこそ。これから「歴史失敗学」をいっしょに学んでいきましょう。

まずは失敗する組織について。

皆さんが考える「ダメな組織」とは、どんな組織でしょう。

決定が遅い、決定は早いが独善的、人事が公平ではない、新しい考え方を受け入れない、組織に属している人間を大事にしない、計画はあるのに実行されない、上は命じるだけで責任をとらず、下は命じられたことしかしない……。

その中で今回は、次の四つの点を指摘したいと思います。

（1）変化に対応できない
（2）運用を誤る
（3）規則に縛られる
（4）指導者の不在

それでは各々について、見ていきましょう。

(1) 変化に対応できない組織

あなたなら通商を認める？

徳川幕府が崩壊した大きな要因の一つに、「黒船来航」があります。大きな流れで見ると、こんな感じです。

①嘉永六年（一八五三）、黒船が日本にやって来る（ペリー来航）
②日本は鎖国をやめて開国した
③その幕府の開国政策に、日本国内で反発が起きた
④それが大きなうねりとなって、けっきょく幕府は瓦解《がかい》した

さて、そこで一つ皆さんにお聴きします。
黒船来航、つまり外国の船が開国や通商を求めて日本にやって来たのは、ペリー来航が初めてだったのでしょうか。

いえいえ、とんでもない。

さかのぼればたくさんあるのですが、大きな出来事で言えば、寛政四年（一七九二）、ロシアのアダム・ラスクマンの根室来航がありました。ラスクマンは通商を要求しますが、幕府はこれを拒否します。

ここからちょっと考えてみましょう。

もしあなたが寛政四年（一七九二）、ラスクマンが通商を求めてきたときの幕府の老中だったら、どんな対策をとろうと考えますか？

通商を認める？　認めない？

それまで外国との交易は長崎を通じて中国とオランダだけでしたし、他の国との交易やましてや開国など、幕府は考えていませんでしたから、いきなり通商や開国はないというのが、常識的な線かもしれません。

でも、通商を拒否しても、ロシアや他の国から通商・開国を求める船がやってくることは容易に想像できますね（ラスクマン来航以前から多数の外国船が日本にやってきていました）。

ですから、通商を認めなかったとしても、色々な対策をとらなくてはいけません。

当時ヨーロッパの列強は軍事力で脅迫しながら通商を求めたりしていましたので、

まずは、

【①国の安全を図らなくてはいけない】

ですね。侵略されないための準備をしなければいけない。

次に、いずれ開国した場合を想定する。

列国の軍事力に対抗できなければ、強制的に開国を強いられるわけですが、そのときのためにも、

【②国内の経済や社会の仕組みを変えていかなければいけない】

いずれ通商や開国が現実味を帯びてくる、と予想するなら、そのための準備をしなければいけないわけです。現代の自由貿易もそうですが、やりようによっては、国内の経済が混乱します。ですから、時間をかけて用意周到に経済や社会の仕組みを見直さなければいけません。

そして何よりも、

【③ヨーロッパはじめ世界について、あるいは安全保障について、知らなければいけない】

ということになるでしょう。

すぐれた評論でも批判なら許さない

幕府は、ラスクマンの通商要求を拒否します。

そのとき幕府の責任者は、老中・松平定信でした。

通商を拒否するのはまあいいとして、では彼はどんな対策を打ったのでしょうか。

まず、

【①国の安全を図ること】

については、「北国郡代」を置いて蝦夷地を防備する構想がありました（実現はせず）。

また老中である定信みずから相模や伊豆半島の沿岸を視察し、「海防奉行構想」を打ち出したり、「海岸防備」を命じます。

「海岸防備」を幕府が命じるのは一五〇年ぶり、ということはたしかに定信の危機意識を表していたかもしれません。ところが松平定信の「安全保障」への対応は、中途半端でした。

例えば江戸湾の防備について。

「もし江戸湾防備に大名を充てて謀反が起きたら大変だ、だから幕臣を中心にしよう」

となってしまいます。

つまり、外国の侵略から国を守ることよりも、その防備を大名に任せたら幕府に謀反を起こされるかもしれない。そっちの方が怖いから、国防上強力な大名より小身の幕臣を充てよう、という内向きな構想になっていました。

認識が甘いと言われても仕方ないですね。

【②開国した場合の、経済や社会の仕組みについて】

はどうでしょうか。

はっきり言って、何もしませんでした。

「松平定信は、『寛政の改革』とかやった名君じゃないの？」と思われるかもしれません。たしかに、定信の改革は「七分積金」で庶民の生活苦を救ったり、「人足寄場」という、いまで言えば職業訓練所のようなものをつくったり、商業政策についても一定の効果がありました。

しかし、国内の飢饉対策や失業対策に重点を置いたもので、開国を前提にするような経済改革も、国防を近代化するための制度改革も、実質的に何も行われませんでした。定信はもともと中国やオランダとの交易すら縮小させるほど貿易に消極的でしたから、仕方ないかもしれませんね。

が、「ロシアがどうしてもと言うなら、こっち（江戸）は防備が整っていないから、長崎に行かせて交易をすることもやむを得ない」とも言っています。

つまり「従来の出島を通しての貿易にロシアを加える」程度の認識です。

そこには、ロシア以外の国がさらにやってきた場合の構想はありません。

一時しのぎ、その場しのぎの政策です。

【③外国に対する知識、安全保障の知識を養成】

はどうでしょう。

松平定信が政権を担当していた当時、政治経済評論家の林子平が『海国兵談』という本を出版しました。そこには、こんなことが書かれています。

「江戸の日本橋より唐阿蘭陀《からおらんだ》まで境なしの水路なり」

つまり、日本橋の下を流れる隅田川から、中国やオランダ（この場合「世界中」という意味）まで、水でつながっていて境がない。このあと続けて、長崎だけ防備を整えてほかを備えなくてもいいのか、と、海国防衛論を述べました。

『海国兵談』は、海防から経済に至るまでいま読んでもひじょうによく書かれていましたから、きっとその主張が幕府の政策に反映された、と思うのが普通ですね。

ところが。

当時の最高権力者である老中・松平定信は、内容が政策提言であったことを問題視し、「幕府の政策を批判するとは、けしからん！」として、『海国兵談』をはじめ林子平の著作物は発売禁止にされたうえに、林子平自身も兄の家に蟄居《ちっきょ》させられました。

つまり書くことを禁じられ、軟禁状態に置かれたのです。

この状況を林子平は次のように詠《うた》っています。

「親もなし　妻なし子なし　版木なし　金もなければ　死にたくもなし」

版木とは文字を彫った板で、江戸時代は版木を刷って本をつくっていました。その版木を没収されてしまったのです。家族もなく、仕事も奪われた林子平の無力感がひしひしと伝わってきますね。

日本にとって有益な指摘でも、それが幕府を批判するものであれば許さない。そんな無茶な理屈で、『海国兵談』は長い間、日の目を見ずに埋もれていました。

徳川幕府、六〇年間の放置

それからおよそ六〇年経った嘉永六年（一八五三）、ついに黒船が来航します。

幕府の責任者は老中・阿部正弘でした。阿部はひじょうに有能で柔軟性に富んだ優れた政治家の一人ですが、その阿部ですら、十分な準備を行うことができずに黒船を迎えます。

実は前年に長崎のオランダ商館を通して、「来年、アメリカが日本に通商を求めてくるぞ」と、幕府に知らせていたのです。

それでも幕府は動きませんでした。阿部正弘ほどの政治家でも、警告を聞き流したのです。

いえ、それは正確ではありません。

警告を知っていて、しかし対応策を具体化する前に、黒船が来てしまったのです。松平定信のとき、つまり六〇年前にすでにはっきりと〝外国からの通商要求〟があったにもかかわらず、幕府はそれを六〇年間も放置していたわけです。

幕末、世界はどんどん狭くなり、国際環境は大きく変化します。そういう知識や情報は得ていました。けれども、実際に目にし、体験しないと、変化に対応できない。

当時の幕府は、そんな状態でした。

これは人間の弱い部分ですね。

私は、幕府の要人たちが愚かであったなどと思っていません。いま指摘したとおり、阿部正弘は実に有能な人物でした。しかし、六〇年間も幕府が対応してこなかったことをやれと言われても、すぐに対応することは難しかったでしょう。

でも、「仕方なかったね」では、済みません。

国の運命がかかっているのですから。

組織が変化に対応するには、正しい情報だけではなく、優れた想像力が必要です。

いまこうなっている、という正しい現状認識は当然必要です。

しかしそれだけでは、何にどう対処すべきか具体化しません。

「これからこうなるかもしれない」

という想像力。

正しい現状認識に裏打ちされた想像力を、組織の共通認識として持たない限り、組織が変化に対応することは難しいでしょう。

ちなみ、林子平の『海国兵談』は、なんと嘉永四年（一八五一）に復刊します。『海国兵談』は寛政三年（一七九二）に全一六巻の刊行を終えましたから、六〇年の時を経てその見識が認められたことになりましょう。

発禁から六〇年経って同じ徳川政権下で復刊した理由は、何だったのでしょうか。嘉永二年（一八四九）あたりから、外国船がそれまでにも増して日本近海に頻繁に出没し、幕府としても「臭いものにフタ」ではいられなくなったのです。

つまり嘉永年間には、六〇年前に林子平が想像した状況が出現したのです。幕府が対応しなかった六〇年間が林子平の『海国兵談』が眠っていた六〇年間とほぼ重なるのは、象徴的と言えましょう。

復刊された当時、多くの識者が「なぜ六〇年前にこれを葬り去ったのか」と後悔をしています。

復刊は、遅すぎました。

林は、日本は海によって「隔てられている」のではなく、海によって「つながっている」と論じました。

普通、目の前の海を見て、海水によって世界とつながっているとは思いません。それは『海国兵談』が全一六巻の刊行を終えた寛政三年（一八五一）から約一七〇年経ったいまも、私たち日本人から抜けない感覚でもあります。

しかし、良かれ悪しかれ日本は世界とつながっています。林子平が悶絶する思いで書いたのは、「なぜ世界の変化に、もっと注意を払わないのだ！」ということでした。時代の変化、世界の変化に敏感でいることは、今も昔も変わらず大切なことなのです。

豊臣家に気を配る理由

変化に対応できなかった巨大組織の別の例として、豊臣家を挙げることができます。

豊臣秀吉によって成立した豊臣政権は、秀吉が亡くなったあとの関ヶ原合戦で、実質的な権力が徳川家康に移動します。

関ヶ原合戦が慶長五年（一六〇〇）、豊臣家崩壊が慶長二〇年（一六一五）。

秀吉が亡くなった年（慶長三年・一五九八）から数えると、一七年。

この一七年間、豊臣家はどうやって、権力を失っていったのでしょうか。

実は関ヶ原合戦で石田三成の西軍が敗れても、豊臣家は数年間、名目上だけにせよ最高権力者であり続けました。

普通、合戦のあとには「宛行状《あてがいじょう》」というものが出されます。

これは、功績のあった大名に「このたびの働きは見事であった。よって、○○国を領地として与える」という内容です。

ところが、関ヶ原合戦ではこの宛行状がまったく出されませんでした。領地はすべて、口頭で徳川家康の口から伝えられたのです。

理由は、「もし宛行状を発行すれば、発行した人物として、秀吉の跡を継ぐ幼い『豊臣秀頼』の名が記されるから」です。この段階ではまだ、家康は「豊臣政権の重臣」という地位でした。それを明らかにする宛行状の発行は、したくなかったんですね。

ですから、慶長五年（一六〇〇）の関ヶ原合戦のあとしばらく、豊臣家の人々は「自分たちが天下人である」という意識を持っていて、表面的ですがそういう位置づけでもあったわけです。

ところが、慶長八年（一六〇三）、徳川家康は征夷大将軍になります。

征夷大将軍は、武家の頭領。全国の大名を支配する権力者です。

この段階で、豊臣家は政権の座から名目的にも外されます。

その後も徳川政権は豊臣家にいろいろな配慮は示します。

まず、徳川秀忠を自分の後釜として征夷大将軍を継がせますが（慶長十年・一六〇五）、同時に豊臣秀頼にも右大臣の位を与えます。

また、秀忠の娘・千姫を、豊臣秀頼に嫁入りさせます。

これで、豊臣家は徳川家と濃い血縁で結ばれることになり、豊臣家も安泰なのか、と思ってしまいます。しかしそれは、まだ影響力の大きかった豊臣家に配慮しただけでした。

江戸城の普請（工事）を諸大名に命じた際、豊臣家には普請を命じないで、西国大名の監督をする役目を豊臣家の家臣に与えたのも、そうした理由でした。

誰が未来を保証してくれるのか

これをしかし豊臣家の側から見ると、

「自分たちには普請は命じられていない。徳川は豊臣を対等に考えている」

という受け取り方もできます。

悪いことに、前田利常や上杉景勝、島津家久など諸大名は慶長十年（一六〇五）の段階でも豊臣秀頼に挨拶するため大坂城におもむいていますし、朝廷は大坂冬の陣のあった慶長十九年（一六一四）のお正月まで勅使を大坂城に派遣して、年始のお祝いをしています。

前田利常たちの心理としては、

「徳川家康が亡くなった場合、豊臣恩顧の大名たちもまだまだ存命中だし、もう一度豊臣秀頼による政権ができるかもしれない、できないまでも豊臣家は旧主であるし、徳川政権の中でも大きな存在だから無視できない」

という〝保険〟の意味があったようです。

しかしあくまで〝保険〟であって、「何かあったとき用」でしかありません。

これを豊臣家は長期間にわたって誤解をし、あるいは楽観的に、自分たちに都合のよい情勢判断をする原因にもなります。

徳川が権力を確立していく現実よりも、自分たちに好意を寄せる（ように見える）者たちへの「彼らはきっと豊臣の味方だ」という心理的依存を高めていきます。

しかし、その心理的依存が幻であったことを思い知る瞬間がやってきます。

慶長十九年（一六一四）、豊臣家の寄進によってつくられた方広寺の鐘に、〝家康を呪う言葉が刻まれていた〟という難癖をつけられて、ついに豊臣家は徳川政権と戦いを始めてしまいます（「国家安康」は「家」と「康」の字の間に字が挟まっていて、これは家康の首を斬ることを意味し、「君臣豊楽」は豊臣の世を願ったものだ、と）。

実にばかばかしい話なのですが、方広寺の鐘、〝家康を呪った〟とする梵鐘《ぼんしょう》は、その言葉もくっきりと残したまま、現在も方広寺で見ることができます。つまり徳川にとって鐘に刻まれた言葉などただの言いがかりで、豊臣家が滅べば鐘のことなどどうでもよかったのです。

徳川と開戦しても、豊臣家に味方する現職大名は、誰も現れませんでした。

（どのみち徳川政権は豊臣家を潰す気である）

（ゆえに豊臣家に味方する大名はいない）

この二点を当時の豊臣家が認識していれば、少し違った結果になったかもしれません。

つまり、徳川に屈するという選択肢です。

もちろんこういう議論は、何が起きたのか知っている現代の私たちだから言えるのかもしれません。

しかし、豊臣家の実力、徳川政権の大きさ、各大名の動向、その変化を敏感に感じていれば、現代の私たちから見た「マシな解決方法」に向かったのではないでしょうか。

そんなにひどくはならないだろう、いまの体制は崩れるわけがない……。

大企業や伝統ある老舗《しにせ》、歴史のある学校などでは、「よほどのことがない限り、いまのままの体制でいける」と、根拠なき自信を持ちます。

「昨日まで大丈夫だった。きょうもまあ、大丈夫。それなら、ずっと先はわからないが明日はとりあえず大丈夫だ」

これは、人間の自然な思いかもしれません。

過去に大きな成功を収め、現在も、過去ほどでないにしても体制を維持できているなら、このままでも大丈夫。そういう思いは多くの人が持つことでしょう。

しかし、いったい誰が、未来を保証してくれるというのでしょうか。

海の戦い方が大きく転換した「真珠湾奇襲攻撃」

日本はかつて、アメリカと戦争をしました。その最初の戦闘が、よく知られる「真珠湾奇襲攻撃」です。

この作戦は立案から運用に至るまで、ひじょうに高い評価がされています。多くの偶然、幸運も重なりました。攻撃開始寸前の真珠湾について、アメリカ太平洋軍の司令官だったチェスター・ニミッツ提督は、「まさに起ころうとする惨事の兆候はなんら見られなかった」と書いています（チェスター・ニミッツほか『ニミッツの太平洋海戦史』）。

その戦果はすさまじいものでした。

アメリカ側の被害は、

戦　艦　四隻沈没　三隻損傷　一隻座礁
巡洋艦　三隻損傷
駆逐艦　三隻座礁
航空機　一八八機損失

これに対して日本側の損害は、

航空機　二九機損失

特殊潜航艇　四隻沈没　一隻座礁

だけという、まさに大成功であったわけです。

この作戦によって、それまでの艦船中心から航空機による機動作戦という、海の戦い方が大きな転換点を迎えました。

アメリカはたまたま攻撃を免れた航空母艦群を駆使し、真珠湾攻撃からわずか半年後の昭和一七年六月に行われたミッドウェー海戦で航空兵力を活用して、日本海軍に圧勝します。

海軍中将の「私の頭は転換できず」

ここで、一つ不思議なことがおきます。

日本の海軍は、自分たちが航空機を主力とした戦いで圧勝したにもかかわらず、その後も航空優位の作戦ではなく、相変わらず「艦隊決戦」という艦船同士の戦いで雌雄を決する、という戦い方を続けていきます。

これについて、連合艦隊参謀長や軍令部第一（作戦）部長を経験した福留繁中将は、真珠湾攻撃で証明された航空機優位について、理解につながらなかったため戦略に生かせなかったとし、

「多年戦艦中心の艦隊訓練に没頭してきた私の頭は転換できず、南雲機動部隊が真珠湾攻撃に偉業を奏した後もなお、機動部隊は補助作戦に任ずべきもので、決戦兵力は依然、大艦巨砲を中心とすべきものと考えていた」（福留繁『史観・真珠湾攻撃』）

と述懐しています。

これまで日本海軍が考えてきたのは、敵艦隊を日本近海で迎撃して殲滅《せんめつ》する〈艦と艦の戦い〉という「法則」のようなものがあって、そこから抜けることができなかったのです。

人間は誰しも、教え育てられた法則から抜け出すのは容易ではありません。まして、それが組織大多数の意見であれば、これに歯向かうことはなかなかできません。

ではなぜ米軍は真珠湾攻撃の後、直ちに航空戦力主力に変わることができたのでしょうか。

一つはよく言われることですが、真珠湾攻撃で戦艦の多くを失い、残存の空母を活用せざるを得なかったことが挙げられましょう。

しかしもう一つは、日本軍がまさに航空機による攻撃力を見せつけたことで、彼らは航空優位を痛みと共に実感したのです。

真珠湾で被害を受けた艦船は、巨大な戦艦でも数発の魚雷や爆弾で大損害を受けました。

真珠湾攻撃の二日後（一二月一〇日）、イギリス東洋艦隊の〝不沈戦艦〟「プリンス・オブ・ウェールズ」は、七本の魚雷と二発の爆弾で沈没しました。同「レパルス」は魚雷一三本に爆弾一発です。そしてこの戦艦二隻を含むイギリス東洋艦隊を、日本は一〇〇機足らずの航空機によって攻撃、壊滅させました。

自分でつくった成功に滅ぼされる

当時の連合艦隊司令長官は山本五十六《いそろく》大将で、彼は海軍の中でも航空機の重要性をひじょうによく理解していた人物として知られています。

ほかにも海軍の中枢には、山本と認識を同じくする人物が少なからず存在していましたが、なぜか日本海軍はそれまでの伝統的な「艦隊決戦思想」を捨てることがありませんでした。

航空機による攻撃で成果を挙げても、つまり成功体験をしたにもかかわらず、なぜ彼らは自らがつくり出した大きな変化に対応しなかったのでしょうか。

さまざまな理由が指摘されていますが、まとめると、

①日露戦争時、日本海海戦で圧勝したため、艦隊決戦思想を捨てられなかった
②航空機は損耗が激しく、失った分を補充するために高い生産力が求められるが、日本にはアメリカに対抗するだけの生産力はなかった
③パイロットの補充には人員と時間がかかるが、日本には米英に対抗する人口も、養成するシステムも圧倒的に足りなかった

つまり、航空機主力による作戦を行いたくても、それを重ねていくだけの国力が足りなかったのではないか、ということです。

しかし、国力（生産力や人員）の問題は、開戦する前にとっくにわかっていた話です。また運用方法の工夫で、航空機を活用することは決して不可能ではありませんでし

た。

最も考えられるのは、「変化」に対応する意思が欠けていた、あるいはその勇気がなかった、という点です。先ほどご紹介した福留中将の「頭は転換できず」というのは、まさに変化に対応できないことを示しています。

そして昭和十七年（一九四二）六月のミッドウェー海戦。

南雲忠一中将率いる航空母艦主力の機動部隊は、山本五十六・連合艦隊司令長官が直率する戦艦群のはるか三〇〇浬《カイリ》先を航行していました。空母群が襲われても、戦艦群が駆けつけるまで九時間の距離です。

もし、航空戦力が大切であると考えるならば、この航空母艦群を護《まも》るために戦艦や巡洋艦といった艦種が、航空母艦群を護るべき位置にあるべきです。

しかし、連合艦隊が航空母艦を先発させてはるか後方に戦艦部隊を持っていったのは、「最後の決戦は艦隊同士だから、戦艦を温存する」という艦隊決戦思想を持っていたからにほかなりません。

時代の流れを自ら変えても、変化に対応しない。過去の成功体験を生かせない。

日本海軍の教訓は、自ら「変化」を起こしながらその変化に対応できなかったということです。たとえ自分で変化を起こしても、その成果の本当の意味、価値をきちんと考え、しかもそれを今後の活動に生かさなければ、成功すら意味がなくなるのです。

自分でつくった成功によって滅ぼされる。歴史は恐ろしい現実を教えてくれます。

(2) 運用を誤る

日本海軍航空部隊の運用

いかに巨大でいかに優れた組織であっても、変化に対応できなければダメだ、というお話をしてきました。今度は、組織の運用面について、触れていきます。

いま、日本海軍の話をしました。

日本海軍は、たくさんの優秀な人材や見事な作戦行動、現代にも通じる優れた組織文化を持っています。また、アメリカなどと比べ経済規模がひじょうに小さかったにもかかわらず、世界に誇る技術、兵器を生み出しました。

大きなモノで言えば、戦艦大和をはじめとする造船技術。あるいは、ほとんど航跡を残さず命中度も高い酸素魚雷などです。また航空機、中でも零戦は当時の世界最高水準の名機でした。

ミッドウェー海戦の敗北を経てもなお、日本海軍が粘り強く米軍の反攻を抑えられた大きな理由の一つは、零戦をはじめとする航空機の活躍があったことは、間違いありません。

ところが。

この航空機の運用について、日本はいくつかの過ちを犯しています。それをこれからお話しします。

日本海軍の航空部隊運用については、あまり指摘されることがありません。海軍航空部隊が壊滅していった主な理由としては、以下の指摘があります。

①ミッドウェー海戦以来の人員の損耗が多く、その補充がきかなかった
②航空機そのものの生産が追いつかなかった
③燃料が足りなかった
④南洋方面移送中に攻撃・破壊され、航空機を十分配置できなかった
⑤航空機を載せる航空母艦の損害が激しかった

などです。

しかし、航空機をどう使うか、ということについての誤りはなかったのでしょうか。

優れた装備も運用を誤れば負ける

昭和十二年（一九三七）、日本海軍は今後七～一〇年後の航空能力はどうあるべきかを研究するため、「航空戦力威力研究会」を立ち上げました。

これからの戦いは航空戦力が重要である、戦艦は無用、航空主力でいくべきだ、という、革新的な考え方でした。

しかし出された結論は、「ごく短期間で終了するいわば一発勝負の艦隊決戦に、如何《いか》に航空機で主力艦を沈められるか」ということでした（以下、由良富士雄「太平洋戦争における航空運用の実相―運用理論と実際の運用との差異について―」戦史研究年報第十五号所収ほかを参考とします）。

つまり、「戦艦と航空機ではどちらが効果的に敵主力艦を沈めることができるか」、そういう話をしたのです。

あくまで「敵〝艦隊〟を壊滅させる」ことが目的で、「航空戦力どうしが連続的に戦うこと」をほとんど考慮に入れていません。

艦隊決戦で敵艦隊を壊滅させるだけならば、たしかに一撃必殺（一回の圧倒的勝利）でよいわけですが、実際はどうだったでしょうか。

肝心の敵艦隊に接するより前に、何度も何度も、長期間にわたって敵の航空部隊と戦うことになりました。これは長期消耗戦を覚悟しなければなりません。

消耗戦で大切なのは補充や修繕です。

この点日本陸軍は、ソ連を敵と想定して満州はじめ中国大陸に多くの飛行場、弾薬工場、航空機の生産拠点を置きました。戦う場所の近くにこうした施設を置くことで、継続的に敵と戦う能力を準備したのです。また、定数の三分の一（例えば九〇機あれば三〇機）の予備機を持ったり、搭乗員の数も増やしました。

このことがのちに、フィリピン決戦などでの陸軍航空部隊の持続的な活躍につながっていきます。

しかし、海軍航空部隊は航空戦力をどうしたら最大限生かせるのか、という考察が不十分であったために、有効な運用をすることができませんでした。

航空母艦の運用、島々にどうやって飛行場を素早くつくるか、航空燃料の備蓄、航空機を遠方基地に移送する手段とその確保などなど。

どう敵艦船を沈めるか、ではなく、どう敵航空戦力と長期間戦うか、という視点が欠けていたために、優秀なパイロットや世界最高水準の航空機を持っていながら敗れました。

また日本海軍は精強な潜水艦部隊を持っていましたが、その運用もまた、艦隊決戦のためにどう使うか、という思考でした。敵の輸送船団を攻撃して物流を止めるということは、かなりのちまで実行されませんでした。

ところが敵である米英の潜水艦部隊は、日本の商船・輸送船を集中的に攻撃して、日本の国力を衰退に追いやります。

資源の少ない日本が戦争を続けるためには、海運が絶対に必要でした。

それなのに日本は輸送船を守るための部隊を編成できず、ようやく昭和一九年（一九四四）になってわずかな艦船で部隊をつくり、きわめて不十分な状態で、わかりやすく言えばほぼ丸裸の状態で、商船・輸送船団を航行させていました。

少ない兵力で何を優先すべきかは難しい問題です。

戦いが不利な展開になれば、戦っている正面に戦力を集中したくなるのは当然です。

しかし、輸送が途絶えれば物資が欠乏し、戦いに勝てないどころか戦争を続けることすら不可能になります。

どんなに優れた装備があったとしても、それを運用する方法を誤れば、戦いには負けます。

組織は常に、持っている資産（人、モノ、資金、技術、ノウハウなど）をいかに運用するかという点に、注力しなければなりません。

（3）規則に縛られる

「不磨の大典」


近代は、それ以前に比べて「進んでいる」印象があります。

「近代化」

という言葉は、それ以前に比べてより効率的で良いものになっている、そういう印象を受ける言葉です。「近代化された工場」「近代的な考え方」など、あなたも耳にしたことがあると思います。

近代化の定義はいろいろありますが、昔は一人でたくさんのことをやっていたのが、近代化して仕事を分担し、専門家が現れ、一つの目的に向かって多くの人が結集する、という意味で捉えることもできるでしょう。

たくさんの人が、細分化された仕事を担当する。

そこでは共通の規則や決まり事があった方が、よりまとまりがあって効率的で安定した組織や社会がつくれるわけです。

憲法、というのは、国の法律の大本になるもので、そこには国としての考え方、価値観や国の大きな仕組みなどが書かれています。

近代国家は、少数の例外（イギリスなど）を除いてどの国も憲法を制定し、憲法をつくることによって「近代国家」の礎の一つとしました。

日本も明治二二年（一八八九）に、「大日本帝国憲法」をつくります。

現代の日本から見ればそぐわない内容もありますが、当時の憲法としてはひじょうに立派なもので、もちろんアジアではじめての憲法です。

もし当時から問題があったとすれば、それは憲法を「不磨《ふま》の大典《たいてん》」（変えてはならない大切なもの）と捉えてしまったことでしょう。

発布は明治天皇によって行われました。皇室が絶対的権威を持っていた戦前には、「明治天皇が発布されたものだから、変えてはならぬ」という感覚を持つことは自然です。

しかし憲法は国民のためにあるのであって、憲法のために国民がいるわけではありません。

これは当時も現在も同じです。

ですから、大日本帝国憲法にも現行憲法にも、どちらにも憲法改正の手続きが明記されているのです。

戦前、この憲法をめぐってとんでもないことがおきました。

憲法の不備を突く政治家

ロンドン軍縮条約という、お互い戦力を減らそうという条約が締結されたときのこと。

日本海軍の一部にとっては不満の残る条約でした（日本・米・英↓十対十対六・九七五の補助艦艇比率）。

このとき、日本の中で「政府が勝手に条約を締結した。憲法違反ではないか！」と騒いだ海軍の軍人や政治家がいました。

例えば衆議院議員の鳩山一郎という、戦後総理大臣になった人物は、政府を「統帥権干犯だ！」といって、軍縮を進めようとした政府を国会で責め立てます。

統帥権というのは、軍隊を統《す》べる権能、ひらたく言えば軍を動かす権能です。で、この統帥権は天皇のものである、と憲法上は規定されていました。しかし、天皇が直接軍隊を動かすわけではなく、

①人事や予算は国務大臣（陸軍大臣、海軍大臣）
②作戦や用兵は統帥部（陸軍は参謀本部、海軍は軍令部）

と、分けられていました。

①の「人事や予算は国務大臣（陸軍大臣、海軍大臣）」という意味は、陸軍大臣や海軍大臣が属する内閣（行政）が議会に案を提出して議会で議決する、という意味です。②の「作戦や用兵は統帥部（陸軍は参謀本部、海軍は軍令部）」ですが、軍の作戦や編制に関しては議会を通さなくてよい、とされていました。統帥部は天皇に直結していたからです。

問題は、軍縮というのは兵力を縮小するためのものですから、「兵力量を決めるのは、①なのか②なのか」ということになります。

反対派は②の統帥部であるとし、政府は①の行政だ、としました。

ここは大日本帝国憲法で解釈の余地がありました。

要は、「大日本帝国憲法は完璧な憲法ではなかった」ということです。

憲法に限らず、法律に完璧なものはない、と言ってもいいでしょう。

例えば、

「一〇〇万円盗んだら死刑」

と言われたら、え、って思いませんか。

でもこれは、江戸時代には法律で決められていたのです（「一〇両盗めば死罪」）。

時と共に、そして価値観や環境の変化によって法律は変えていくべきです。なぜなら、法律は「永遠の真理」ではなく社会を守る道具にすぎないからです。

だから、重ねて言いますが、大日本帝国憲法ですら改正のための条項がちゃんと存在するのです。

いずれにしても、

「大日本帝国憲法では、兵力を決めるのは天皇の権能となっている。にもかかわらず、政府は勝手に屈辱的な軍縮条約を締結して兵力を決めてきた。これは憲法違反である」

と反対派は主張しました。

これはまさに、憲法の不備を突いた形です。

「『不磨の大典』を変えることなどできまい」

政府は鳩山たちの追及に対して、憲法議論を避けます。

憲法の不備には気がついていたのですが、もし国会で憲法議論をすれば、

「たしかに軍縮条約を政府が結ぶのは憲法違反かもしれない」

という結果になった場合、

「軍縮条約を結ぶには憲法を改正しなければならなくなる」

となります。

戦前に、天皇が発布した憲法を変えるなんていうことはほぼ不可能でしたから、政府は現実的な対応として議論そのものを避けたのです。

けっきょく条約は締結されましたが、条約締結が原因の一つとなって、当時の浜口雄幸《おさち》首相は命を狙われます（暗殺未遂。のちにそのときの傷が原因で死去）。

軍艦を減らされる海軍の軍人が軍縮を嫌がる気持ちは、わからなくもありません。

しかし、鳩山一郎たち条約反対派の政治家は、実に不可解です。

なぜなら、彼らが実は「軍縮条約は必要だ」と理解していながら、単に権力を奪うために騒いだ、という事実があるからです。

野党として政府与党を攻める。そのためなら信念や思想信条、国家の未来などどうでもいい、という権力の亡者になるわけです。

こういう下劣で卑怯な政治家が、憲法を悪用するのです。

「『不磨の大典』を変えることなどできまい。政府を窮地に追い込んでやる……」

憲法や規則のために人々がいるわけではない

皆さん。ここでは憲法を例に挙げましたが、自治体の条例でも、会社の規則でも、あるいは学校の校則でも、それらは一体誰のためにあるのでしょうか。

簡単ですね。

こうした決まり事は、そこに属する人々のためにあるのであって、憲法や規則のために人々がいるわけではありません。人々がより安全に、より人間らしく、より安心して生活し、仕事をするために規則はある。

だとすれば、規則があるために非合理的な判断をしなければならなかったり、規則のおかげで組織全体が危機にさらされたりすることは、本末転倒ではないでしょうか。それに縛られることは、おかしなことです。

最初に触れた「変化に対応できない」ということにもつながるのですが、組織を巡る環境は日々変化しています。昨日と同じ今日はありません。もし「同じだ」と感じているならば、それは誤りです。

昨日は知らなかったことを、何か一つでも新たな知識として得たことはありませんか？

昨日とまったく同じ売り上げでしたか？　昨日と同じ教科書のページをまた同じく学んだのですか？　そんなことはないはずです。

同じでないのなら、はるか昔につくられた規則もまた、常に見直されるべきですし、なにより「このままでは不都合がおきる」「みんなが迷惑する」、そう感じたならば、勇気をもって規則を変えていかねばなりません。

規則に縛られないためには、規則について誰もが語れる組織文化でなくてはならない。

たとえ〝偉人〟とあがめられている創業者の言葉であっても、それはいまの組織にそぐわないのであれば、遠慮なく変えていくべきでしょう。

大日本帝国憲法をつくった人々は、欧米列強が牙をむく国際環境の中でどうやって日本の独立を守っていくのか、そういうことを真剣に考えてつくりました。

ですから、日本を守るのに不都合なことがあれば、それを変える議論こそ必要だったのではないでしょうか。

そういう意味では、ロンドン軍縮条約での統帥権干犯が国会で問題になったときの政府の姿勢もまた、批判されるべきです。

政府は勇気をもって憲法議論に踏み込むべきでした。もちろん、当時の「憲法は変えてはいけない」という価値観からいってひじょうに国政が混乱したことでしょうし、現実的な対応とも思えません。が、憲法の議論を先送りしたことで、その後も同様の問題が起きたことは、歴史が証明しています。

（4）指導者の不在

水戸藩の悲劇

ここからは、組織における指導者の「不在」について、お話ししていきます。

明治維新の後、長州藩は三一名が華族に列せられましたが、水戸藩出身者はわずか二人でした（藩主とその親戚、藩の重役を除く）。

両藩は同じ〝勤皇を志した藩〟であったにもかかわらず、結果的には明暗が分かれました。

なぜなのでしょうか。

結論から先に申し上げましょう。

水戸藩には、明治まで生き残った主要人物がほとんどいなかったのです。

なぜいなかったのか？

水戸藩では、血で血を洗う内部抗争の結果、有能な人材のほとんどが殺されてしまったのです。それは指導者が不在であったことが大きな要因の一つなのです。

水戸藩には維新前、徳川斉昭《なりあき》という殿様がいました。

「烈公」と称されたことからもわかるとおり、斉昭はひじょうに強い信念と、徹底した尊皇攘夷思想の持ち主でした。

幕末の〝流行〟のような攘夷思想ですが、斉昭が優れていたのは、単に「外国人を排除しろ」と口先で言ったのではなく、自ら率先して近代兵器の開発など対抗するための武器や制度を研究開発したことです。さらに、黒船が来航したときにまだ十分な

国防体制が整っていなかったため、

「いまさらじたばたして戦ったところで、勝てる道理がない。欧米の進んだ技術を受け入れて、十分勝てるようになってから戦えばよい」

と、現実的な判断をします。

斉昭はどんな人物だったのでしょうか。

とても精力的な人物でした。女性関係も盛んで、生涯成した子は三五人もいました。これだけ聞くといかにも贅沢をしそうに感じますが、藩内で倹約を命じた際には自ら倹約を率先垂範するような実直な一面を持ち、さらに文武両道に秀で、琵琶の名手で陶磁器をつくったり彫刻もやる。料理の腕前も大したものだったと伝えられています。

意志強固で精力的な藩主が、藤田東湖《とうこ》や会沢正志斎《あいざわせいしさい》ら改革派を中心とした有能な家臣に支えられて政治を行ったので、一度は藩内の保守派によって退陣させられますが、また復活して藩の実権を握り直します。そして、幕府の政治にも関与します。

リーダーを失ったあとの壮絶な派閥抗争

徳川御三家（尾張・紀州・水戸藩）は幕府創設以来、政治に関わることができませんでした。しかし、幕末の難局の中で老中・阿部正弘は徳川斉昭を幕府の海防参与、兵制参与（安政二年・一八五五）に任命しました。

これは、攘夷派である斉昭を政権内に取り込むという意図もありましたが、斉昭が政治的なリーダーシップを持っていることが何より大きな理由でもありました。

ところが、老中・阿部正弘が急逝して斉昭は幕府政権内で孤立。

将軍継嗣《けいし》問題（徳川将軍の跡継ぎ問題）と条約勅許（日米修好通商条約を天皇の許しなく締結した）問題で井伊直弼《なおすけ》と対立した斉昭は、安政五年（一八五八）ついに謹慎処分になります。

徳川斉昭は、水戸藩の政治からも遠ざけられてしまいます。

その後の水戸藩はどうなったか。

リーダーシップを持つ指導者が引退を余儀なくされたあと、組織がたどる最悪の事態を、水戸藩に見ることができます。

内部抗争が勃発して、収拾がつかなくなっていくのです。

斉昭を支持する者たちと、藩の安定を第一に考える者たちが抗争を繰り広げる。

そして派閥抗争に敗れた少数派が脱藩し、万延元年（一八六〇）三月に井伊直弼を江戸城・桜田門外に襲撃します。

この井伊直弼暗殺から五カ月後に、斉昭も亡くなります。

こうして、水戸藩をまとめていた徳川斉昭の死後、派閥抗争の芽を残したまま時代は激動期に入り、水戸藩は政治的に分裂を繰り返すことになります。

水戸藩は本当にあきれかえるくらい、派閥抗争をやるんです。

少しだけその動きを見てみましょう。

水戸街道・長岡に集結した過激派の残党が粛正される。

水戸脱藩浪士一八名が、高輪の東禅寺にあったイギリス公使館を襲撃（襲撃自体は失敗し、ほとんどの浪士が討ち死にか斬首《ざんしゅ》に）。

幕府も水戸藩に介入して、穏健改革派が水戸藩を掌握し、過激派は水戸と江戸で三〇〇人近く捕えられます。

それでも過激派の動きは収まらず、文久二年（一八六二）、水戸の脱藩浪士四名を含む六名が、老中・安藤信正を江戸城・坂下門外で襲撃します。安藤信正は怪我を負いますが、襲撃側は全員が死亡します。

そうこうしているうちに、文久三年（一八六三）に「八月一八日の政変」が起きて、尊攘派の長州藩が京都から追い払われます。

これに抗するように、水戸藩の過激派たちは翌元治元年（一八六四）、幕府に攘夷の実行を迫るため、挙兵しました。「天狗党《てんぐ》の乱」です。

三歳児まで殺す殺戮の派閥抗争

ここからさらに問題が大きくなっていきます。

天狗党の乱は、実に深刻かつ複雑な派閥抗争に発展します。

主な派閥は、保守派、穏健改革派、過激派です。

最初は保守派と穏健改革派が手を結んで過激派を攻撃していましたが、のちに保守派と穏健改革派の間でも争いが起き、そこに幕府や江戸にいた水戸藩主・徳川慶篤《よしあつ》が介入して混沌としていきます。

なんだかわからなくなりそうですが、要は保守派、穏健改革派、過激派の三派が、時には手を結び時には殺し合った、ということです。

ここで、取り上げなければならないことがあります。

天狗党はけっきょく越前敦賀で降伏し、参加した八〇〇名余のうちなんと三五二名が処刑されました。すでに戦死したり捕縛監禁中に病死する者など多くの藩士が亡くなっていますが、さらに天狗党としてこんなにたくさんの人材が刑死したのです。

天狗党の投降を知ると水戸の保守派は、あきれたことに天狗党に参加した藩士の家族たちを水戸城下で襲い始めます。いろいろな経緯があるのですが、最終的には三歳の子どもまで殺しています。

藩内のいわば〝身内どうしの争い〟だけに、憎しみが強くなって、どんどん過激化していくのですね。

ちなみに徳川の暗黒政治の代名詞と言われる「安政の大獄」ですら、幼児はその罪の執行を止められていました。これに対し、水戸藩の保守派は異常とも言える残酷な行動で、憎悪を剥き出しにしながら反対派閥の家族を殺していきます。

この殺戮《さつりく》の責任者だった保守派の首魁《しゅかい》で家老の市川三左衛門は、戊辰《ぼしん》戦争のときに水戸から逃げますが、明治二年、海外逃亡する寸前に捕えられ、逆《さか》さ磔《はりつけ》にされました。

藩主の命令に従わない家老

なぜこんなことが起きたのか。

派閥争いは仕方なかったとしても、たとえばなぜ水戸城下での藩士家族たちへの殺戮を防ぐことができなかったのか。

大きな要因の一つは、藩主・徳川慶篤の無力です。

慶篤は斉昭の嫡男で、水戸藩を継いでいました。

江戸にいた慶篤は、混乱する水戸へ一応兵を送って治安の安定を図ろうとします。しかし水戸城にいた保守派の首魁、殺戮を指示した市川三左衛門は、藩主である慶篤の言うことを聞きませんでした。

いくら幕末動乱期とはいえ、大名である主君の言うことを聞かない家老が江戸時代に存在し得るのか、と思われるかもしれませんが、実際にそうだったのです。

なぜ市川は、藩主の命に従わなかったのか。

もし、先代の烈公・徳川斉昭が藩主ならどうしたか。あるいは市川はその命に従ったかもしれません。

斉昭のことですから、自ら先頭に立って江戸から水戸に向かい、斉昭を慕う多くの穏健改革派、過激派、一部保守派の人々も従えて、堂々と水戸城に入り、事態を収拾したでしょう。

しかし、慶篤にはそうした〝迫力〟がありませんでした。

なぜなら、彼を慕う家臣も、命をかけて慶篤のために命を捧げようという者も、ほとんどいなかったからです。

慶篤は、個人としては温和で常識的な人物であったと伝えられています。しかしその政治手腕については疑問符が付きます。

先代・徳川斉昭は、人材の育成・登用に力を注ぎました。藩校や私塾の充実、門閥打破の登用人事で、藤田東湖や会沢正志斎のような、きわめて有能な人物が政権中枢に陣取ったのです。

対して慶篤は特にそうした処置はとらず、ただでさえ派閥抗争による殺戮で人材が払底《ふってい》しているのに、人材登用を積極的に行いませんでした。

一応人事を発令しますが、中身をコロコロ変えていたので藩内はまったく安定せず、結果として、門閥人事が踏襲されていきます。つまり従来の重臣たちが枢要な地位を占める人事が残ったのです。

だから家老にしてみれば、「自分は藩主に認められてこの地位を与えられたのではない」「当家は名門であるから当然要職につける」、こんな考えの者たちが力を持ちました。

藩主がないがしろにされるのは当然です。市川三左衛門はその好例と言えましょう。

藩主はいても指導者が不在

徳川斉昭という人物は、その是非はともかく、言動にブレがほとんどありませんでした。

ですから、藩は曲がりなりにもまとまっていたのです。

ところが斉昭亡きあと、新たに藩主になった慶篤は、常に迷い、躊躇し、頻繁に政策を変更します。特にさきほど述べたように人事がひどい。

天狗党の乱当初、慶篤は天狗党とそれに同調する尊皇攘夷派（過激派）の排除を命じたかと思えば、そのあと、今度は保守派の重臣を罷免する。風向き次第でコロコロと人事を変えるのです。

それでも責任を負う覚悟と有能な家臣がついていれば、状況は変わったかもしれません。が、有能な家臣はみな派閥抗争の当事者でしたし、さきほど述べたように、慶篤を慕う藩士はほとんどいませんでした。

何より致命的だったのは、ただでさえ少なかった藩主・慶篤の威光が、時を経るにしたがってどんどんなくなっていったことです。

混乱の中、リーダーシップのない指導者が命令を出しても命令が守られない。それを重ねれば重ねるほど、慶篤の威光は消えていきました。

水戸城を支配した保守派の市川三左衛門は、藩主を無視して藩政人事を行ない、まったく慶篤を顧みることがありませんでした。繰り返しになりますが斉昭時代には考えられない事態です。

事実上水戸藩には、〝藩主はいても指導者が不在であった〟と言っていいでしょう。

慶篤は、江戸の小石川・水戸藩邸の馬場で、

「言うことを聞いてくれるのは、当節では馬ばかりだ」

と嘆いたそうです。

指導者不在で組織は崩壊

かつて水戸藩をまとめていたのは斉昭の指導力が大きかったわけですが、そこには「勤皇」という目標がありました。

斉昭にはカリスマ性があり能力的にも優れた人物ですが、水戸藩内で斉昭だけが「勤皇」と言っても、誰もついてはいきません。

言い方を変えれば、組織全体で目標が共有できなければ、そんなものは目標とは言

えないのです。地位の高い人間が地位を利用して、ただ組織を鼓舞するために題目を唱えても、誰もついていかない。斉昭の嫡男・慶篤の場合がまさにそうです。

組織文化を注意深く観察し、同調する者を養成し、組織内世論を形成していくことは、いかなる組織でも必要不可欠です。目標が正しければ放っておいても組織の中で共有できる、というわけではないのです。

家臣を養い、公平かつ適材適所の人事を行い、徐々に藩主の考えを浸透させて「藩の世論」にする。それには、斉昭のもう一つの面、持続力のある意思貫徹がモノを言います。

その斉昭が指導者の座を追われたあと、目標を掲げ組織を統一する者はついに現れませんでした。

ですから、目標を実現する仕組みも、誰にもつくれない。

有能なテクノクラートは次々と死に、仕組みの設計を命ずる藩主は指導力を欠き、密告制度があったために〝余計なことはしないでおこう〟という空気が、最終盤の水戸藩を支配しました。

斉昭が立てた目標、斉昭が採用した人材、その有能な人材によってつくられた仕組み。

斉昭死去後はどれも成立せず、中でもすべての基礎になる「人」の枯渇は、組織疲労を加速度的に早め、ついに明治になって人材が払底したのです。

どんなに優れた者たちの集まりであっても、そこに資産があっても、指導者が不在であれば組織は崩壊します。

水戸藩の悲劇は極端な例ですが、これほど指導者の欠如による悪影響を如実に表すものは、そうそう見つかるものではありません。

〈総　括〉

失敗する組織、その歴史的なエピソードを四つのくくりで見てきました。

（1）変化に対応できない組織の失敗

幕末の黒船来航からさかのぼること六〇年。すでに徳川幕府は外国からの通商要求がありながら、中途半端な国防と、言論を封殺して事実上六〇年も事態を放置しました。

組織が変化に対応するには、正しい情報だけではなく、優れた想像力が必要です。

「これからこうなるかもしれない」

という想像力。

正しい現状認識に裏打ちされた想像力を、組織の共通認識として持たない限り、組織が変化に対応することは難しいでしょう。

そして豊臣家の滅亡は、「よほどのことがない限り、いまのままの体制でいける」と、根拠なき自信を持つことの危険性を教えてくれます。

誰も、未来を保証してくれるわけではないのです。

さらに日本海軍は、真珠湾奇襲攻撃やイギリス東洋艦隊撃滅で自ら「航空戦力優位」を証明しながら、それを戦略に生かそうとしませんでした。

たとえ自分で変化を起こしても、その成果の本当の意味、価値をきちんと考え、しかもそれを今後の活動に生かさなければ、成功すら意味がなくなるのです。

(2) 運用の誤り

ここでは、日本の海軍航空隊について触れました。

海軍航空隊は「敵〝艦隊〟を壊滅させる」ことが目的で、「航空戦力どうしが連続的に戦うこと」をほとんど考慮に入れませんでした。

しかし敵艦隊に接するより前に、何度も何度も、長期間にわたって敵の航空部隊を相手に戦うことになりました。本来は一撃必殺(一回の圧倒的勝利)ではなく長期消耗戦を戦う準備と戦略が必要でした。島での基地建設や航空機移送の手段など、けっきょくそういう「ソフト面」をおろそかにしたため、敗れたのです。

日本海軍が持っていた零戦は世界に冠たる名機でした。しかし、どんなに優れた装備があったとしても、それを運用する方法を誤れば、戦いには負けます。

組織は常に、持っている資産（人、モノ、資金、技術、ノウハウなど）をいかに運用するかという点に、注力しなければなりません。

（３）規則に縛られる

戦前、大日本帝国憲法は「不磨の大典」として改正など考えられないものでした。しかし、憲法も人間がつくったのですから、完璧ではありません。だから改正条項もちゃんと書かれています。

この憲法の不備を突いて、軍縮条約に反対する者たちは政府を大批判。批判された政府も堂々と憲法議論せずに逃げます。

しかし、憲法は国や国民のためにあるのであって、憲法のために国民がいるのではありません。もし国民を、国を守るために必要ならば、憲法を改正する議論を堂々と行うべきでしたし、そもそも憲法や規則を「変えてはいけないもの」などと考えてはいけない。

常に柔軟に、変化する情勢に対応する規則こそ、組織は求めるべきです。

（４）指導者の不在

水戸藩は維新の原動力になる人材をおおぜい出しながら、維新後はその人材が払底していました。なぜなら、藩内の激しい派閥抗争で多くの藩士が殺されたためです。

なぜ派閥抗争が激化したのか。それは、リーダーシップのあった指導者の退場と、そのあとを継いだ者の無力からでした。

どんなに優れた者たちの集まりであっても、そこに資産があっても、指導者が不在であれば組織は崩壊します。

そして何より、派閥抗争は内向きのエネルギー消費であり、激化すれば組織にとって有害無益であることを水戸藩の歴史は語ってくれます。

第二講

指導者

今回は「失敗した指導者」について、お話ししましょう。

失敗をした指導者がすなわち、人間的にダメな人というわけではありません。誰もが失敗をするのです。

倒産を目前に社長を引き受けた人の中には、あえて火中の栗を拾って社員や取引先に少しでも迷惑がかからないよう努力する、尊敬に値する人もいます。

負けいくさだとわかっていても、戦わなければならない場面で逃げない、そういう勇気のある人々が存在します。

彼らは「負けたからダメな指導者」なのでしょうか。そんなことは絶対にありません。

負けてもなお立派な指導者はたくさんいます。

「講義にあたって」で申し上げた通り、偉人でも英雄でも失敗を冒します。ですから、これから取り上げる人物のほとんどは一般に〝偉人〟〝英雄〟と言われる人々です。私もそう感じています。

もし私が「優れた指導者とは」という話をするとしたら、やはりここで取り上げる人々に触れることでしょう。だからこそ、その失敗には学ぶべき点が多いのです。偉人や英雄でも失敗を冒す、そこに「失敗の本質」があるのです。

ここでは、

（１）「立派な人」の失敗
（２）能力と性格
（３）組織運営への関心

について見ていきます。

（1）「立派な人」の失敗

立派な藩主の失敗

明治元年（一八六八）、一月六日夜。大坂城。

自分は、家臣を置き去りにして逃げたくない。

でも、徳川慶喜《よしのぶ》から「一緒に逃げるぞ」と命じられて、悩みに悩んだ末に仕方なく徳川慶喜と行動を共にした大名がいます。

会津藩主・松平容保《かたもり》。

鳥羽伏見の戦いで旧幕府軍（徳川方）は薩長軍に敗れますが、大坂城に結集して態制を整え、反攻を企てます。

ところが、何を思ったか総大将の徳川慶喜は、側近だけを連れて大坂から江戸に船で逃亡します。このとき会津藩主の松平容保や、その実弟で桑名藩主の松平定敬《さだあき》らも慶喜に同行を強いられます。

置き去りにされた会津藩士たちは、もちろん怒ります。

あとで江戸に帰ってから、藩士たちは松平容保とこんなやりとりをしています。

なぜ殿（容保）は逃げたのですか、藩士たちの気持ちを理解していないことを心配します、という藩士の問いかけに、

「今回のことは、私の過ちである」

容保は、素直に家臣に詫びたのです。そして、大坂からやむを得ず逃げていく船の中での徳川慶喜とのやりとりを、藩士に説明しました。

「船に乗ってからも、（徳川）慶喜公に、

『五日の夜、あなたは兵たちに命じられたではありませんか。

〝万騎が一騎になっても城を枕に抗戦しろ〟〝大坂城が落城しても江戸があり、江戸で敗れても水戸がある、決して途中であきらめるな〟と。それなのにご自分だけ江戸に逃げ帰るとは何事ですか』

慶喜公は、

『そう言わなければ、兵たちは発奮しないではないか』

と言われた。私（松平容保）は、

『そのお答えは理解に苦しみます。どこまでも戦わんとすればこそ、兵を発奮させる必要がありますが、恭順して江戸に帰るというのなら、なぜ恭順の妨害となるべき激励の命令を発したのですか。そんなことは理屈に合いません』」

慶喜と容保のやりとりは要領を得ないまま、終わったそうです。

あとで少し触れますが、徳川慶喜の性格からして、容保が船中で慶喜にこのように諫言《かんげん》し、慶喜がそんな容保の忠告をうるさがったのは間違いないでしょう。

松平容保はこのように、大変実直な人物でした。このあと、戊辰《ぼしん》戦争で最大級の戦いが会津で行われます。会津藩は容保を中心に一丸となって薩長軍と戦います。「大坂逃亡」事件のあとでしたが、容保は家臣から慕われ続け、藩内を統率していたことがわかります。

しかし、その会津戦争は会津藩の大敗に終わりました。

つまり「立派な藩主」の失敗です。

彦根藩の変わり身の早さ

会津戦争というのは、徳川方と薩長中心の新政府軍が戦った「戊辰戦争」の中盤、明治元年(一八六八)八月から約一カ月間行われた戦争です。

ここで会津は圧倒的に不利な戦いの中、白虎隊に象徴されるような悲劇にも見舞われ、大敗北を喫します。

会津藩の敗戦理由は、戦力差です。

東北方面はまだ旧幕府側の藩が多く存在していましたが、統一を欠き、敗戦を見越して本気で新政府軍と戦う藩はどんどん減っていきました。

つまり会津藩は「勝つか負けるか」ではなく、戦わざるを得ないから戦う、という追い詰められた状況でした。なぜなら、仮に最初から降伏してもかなりの悪条件になることは明らかだったからです。それは幕末、松平容保が京都守護職に就任して、そこで薩長を中心にした勤皇派を取り締まったことにあります。

京都守護職の大きな役目の一つは、京都の治安を維持すること。

京都でさまざまな画策やテロを計画・実行しようとする勤皇派の薩長藩士や浪人たちは、京都守護職である松平容保から見れば、治安を乱す者たちでした。

誠実で真面目な容保は、京都所司代であった実弟の桑名藩主・松平定敬と共に彼らの取り締まりを行います。有名な新選組は、京都守護職である松平容保の配下でした。ですから薩長側としては、会津は自分たちの同僚の〝赦すべからざる仇〟であったわけです。

しかし、会津戦争を避けるための選択肢は、本当になかったのでしょうか。

たしかに容保は京都守護職として、多くの反対派を取り締まってきましたが、薩長側から見て、幕末に最もひどい暗黒政治を行ったのは井伊直弼でした。「安政の大獄」では、一〇〇人以上の逮捕・処刑が行われています。

松平容保は、それが与えられた職務であったから、治安維持のために行動しました。警官が犯人を逮捕するのと同じ理屈です。そして誰が京都守護職であっても取り締まりは行われたはずです。

それに対して、井伊直弼は自らの政治的意思で、恣意《しい》的に反対派を弾圧しました。

誰に命じられたわけでもなく、自らの判断で安政の大獄は発令されたのです。

この井伊直弼の出身藩である彦根藩は、なんと戊辰戦争のときには薩長側に味方しました。

もちろん井伊直弼はとっくに暗殺されていますが、彦根藩は徳川譜代大名の中でもトップクラスの名門で、井伊直弼が行った安政の大獄からもわずかの年月しか経っていません。それなのに、なんという変わり身の早さでしょうか。

しかしながら、彦根藩は明治維新を無事に迎えることができました。その一点だけで言えば、彦根藩は成功したと言えましょう。

でも、会津藩はそうはいかなかったのです。

容保がもし京都守護職を受けていなければ

これを指導者（松平容保）の失敗、と捉えることは、酷かもしれません。

しかし容保には、会津戦争の悲劇を回避するターニングポイントがあったのではないか、ということを一緒に考えてみましょう。

松平容保は、文久二年（一八六二）に京都守護職となります。

当初、会津藩内では容保の京都守護職就任に反対が多かったといいます。

まず、会津と京は、場所的にひじょうに離れています。

そして諸経費は、幕府からいくばくかのお金は出ますが基本的にすべて会津藩の負担となります。もちろん、守護職を支えるのは会津藩士。

ちょっと考えると、松平容保が京都守護職を委託されるのは、違和感があります。というのも、会津藩より近い場所で、たとえば越前の福井には会津藩と同じく徳川親藩の殿様・松平春嶽《しゅんがく》がいました。譜代大名でいえば彦根の井伊家や出雲の松平家、四国は伊予の松平家などもありました。

なぜ容保なのか。

会津藩は精強で知られていましたし、藩祖・保科正之以来、幕府への忠誠心は藩の伝統でもありました。また、容保自身が有能であったことも間違いありません。複雑で騒乱続きの京を任せられる人材は、そう多くはありませんでした。

でも、引き受けたら何が起きるのか。

徳川の政治が衰えを見せていましたし、京都守護職の仕事を真面目にやればやるほど、長州藩をはじめとする勤皇派から恨まれることは明らかです。加えてささほども申しましたとおり、金銭的な負担も大きい。

つまり、やれば損をする、ということはわかりきっていました。事実、松平容保の京都守護職就任が決まると、藩の家老たちは「これで会津藩は滅びる」と言って泣いたと伝えられています。

京都守護職としての容保は、新選組を配下に置いて徹底した取り締まりを行い、いわゆる「八月一八日の政変」や「禁門の変」で長州藩ら勤皇派と戦い勝利します。が、このことがのちに会津藩への憎悪になっていくわけです。

容保がもし京都守護職を受けていなければ、会津戦争での悲惨な消耗戦は避けられたかもしれません。

それを卑怯というのは、少し違います。

なぜなら、容保は徳川幕府に忠実でなければいけないと同時に、多くの家臣を養う指導者でもあるのです。

与えられた職責を超える展望を常に持つ

では、引き受けざるを得ない場合はどうすべきか。

歴史はその答えの一端を教えてくれています。

京は当時、政治闘争の最前線でした。なぜなら、朝廷は幕府に対抗する最も有効な権威であったからです。

政治の最前線であるということは、ここで味方を増やすこともまた可能でした。長州が最終的に倒幕の中心になれたのは、薩摩と同盟を結んだからです。でも薩摩藩はもともと、幕府と組んでいました。

その中心人物である西郷隆盛は、徳川慶喜を将軍にするために暗躍した一人でもあるのです。

容保はしかし、薩摩が幕府側であるのは当然、という考えもあり、まさか裏で薩長同盟が進んでいるとは考えていませんでした。

（当然、あそこはウチの味方である）

（あの人はまちがいなく、自分を応援してくれる）

第一講の豊臣家のところでも触れましたが、指導者は裏付けのない確信を持ってはいけない、ということではないでしょうか。

京都守護職というのは、非常時には近畿全域の軍事指揮をとる絶大な権限を与えられていたのです。

だとすれば、彼は幕政にも責任があったし、会津藩士たちを敗残兵にしないためにも「勝つ側」で居続ける努力をしなければなりませんでした。

勝つ側にいる、というのは、薩長の側につく、という意味ではありません。幕府に味方する勢力を積極的につくっていく、という意味です。そのためには少なくとも薩摩藩への工作がもっと必要であり、薩摩藩をこちら側に引き寄せている限り、幕府の崩壊は防げると考えるべきでした。そうなれば、会津戦争も防げたかもしれません。

容保は誠実な人物でした。

しかし、指導者は所属する組織のため、あるいは自分の部下のために、より大きな視点で自分のなすべきことを考えねばなりません。職務に忠実であるだけでなく、自分の行動が何をもたらすのか、自分のいまの職責で何をするのが一番、家臣や組織のためになるのか。

権限や立場は、職務を遂行するために与えられていますが、与えられた職責を超える展望を常に持って、仕事をする必要があるのではないでしょうか。

徳のある指導者の言うことは素直に聞き入れる

ここで、徳川慶喜について少し触れたいと思います。

さきほど触れたように、鳥羽伏見敗戦のあと、松平容保を大坂城から無理矢理江戸に同行させた人物。

しかし彼は当時幕府が望む中で、最も有能な将軍であったことは間違いありません。徳川斉昭の子の中でも幼い頃から特に利発で、時代を見据える力も持っていました。しかし慶喜にはどうしたものか、松平容保とは真逆の不誠実さ、先ほど述べたように大坂城から家臣を見捨てて〝敵前逃亡〟するような、理解不能な不実さがあるのです。

まだ将軍になる前の慶応二年（一八六六）、第二次長州征伐の際には、急に職務放棄（将軍家茂《いえもち》の代わりの「名代出陣」の取り消し）します。一緒に長州征伐に行くはずだった九州の一部勢力が国許に帰ってしまったので、情勢不利と見て自分だけ引き揚げる。

慶応三年（一八六七）三月には、いきなり兵庫開港の勅許を朝廷に奏請し、混乱を招きます。兵庫開港については、幕府が薩摩など九つの雄藩に意見を求めていたのですが、その回答が来る前に、慶喜は独断で勅許を得ようとしました。

明治になって侯爵として悠々自適の生活を送り、自転車に乗っているところを写真に撮らせるなど、徳川方として戦死した人々の気持ちを理解しないような行動もとっていますから、もともとが、人の気持ち、特に家臣の気持ちを理解できない人物だったのでしょう。

慶喜に何度も煮え湯を飲まされた会津藩家老の山川浩は、明治になって、こんな言葉を残しています。

「一橋慶喜卿は資性明敏で、学識もあり、その上世故に馴れているので、処断流るるがごとくであり、すこぶる人望のある人であるが、それは、単に外観だけのこと」「志操堅固なところがなく、しばしば思慮が変り、そのため前後でその所断を異にすることがあっても、あえて自ら反省しようともしない」（山川浩『京都守護職始末』）

こういう人物のもとで松平容保は仕事をしなければいけませんでしたから、大変だったと思います。

徳川が権力の座から退かなければならなかったのは、一つにはこうした慶喜の不誠実な態度も無関係ではなかったでしょう。

しかし、それは宿命というものです。家臣は主君を選べない。巨大な組織が衰退に向かっていく経営環境の中、一部の良識的な役員がせいいっぱい自分の職責を果たしても、経営全体を補正するにはそれだけでは足りません。手の打ちようがなくなる前に、自ら実質的な指揮権を持って組織を動かす。

戦闘艦にたとえるならば、敵機が来襲する中でいくら一部の機銃を見事に稼働させても、それで戦いに勝てるものではありません。銃座ではなく、艦船そのものを動かす必要が、指導者にはあるのです。

これは、クーデターをせよ、ということではありません。

繰り返しになりますが、与えられた職責を超える展望を常に持って、仕事をする必要がある、ということです。

組織全体から考えて、自分は何を行うのが最も有効であるのかを考える、ということです。

その際、人徳は大きな武器になります。なぜなら、徳のある指導者の言うことを、部下は素直に聞き入れるからです。

会津戦争で戦い抜いた会津藩を見れば、「徳」の面で容保が徳川慶喜とは違うということがおわかりでしょう。

領地が八分の一になっても家臣を減らさない愚

江戸時代には「名君」と呼ばれる大名が何人も存在します。

幕閣でいえば土井利勝や松平信綱。幕末の阿部正弘もその範疇《はんちゅう》に入るでしょう。

また藩政改革で名高い細川重賢《しげかた》や上杉鷹山《ようざん》は忘れてはいけない名前です。

中でも上杉鷹山はアメリカのジョン・F・ケネディ大統領が「尊敬する人物」として名を挙げるほど有名で、多くの小説やドラマの題材にもなっています。

上杉鷹山は、何をしたのか。

上杉鷹山は、高鍋藩秋月家から養子として米沢藩上杉家に迎えられました。

鷹山が養子で入った頃の米沢藩は大変な状況で、例えば米沢城の、庭ではなく建物の中に野生の狐や狸が棲み着くほど荒れ果てていたのですが、修繕するお金がありませんでした。

米沢藩は関ヶ原合戦で敗れて一二〇万石から三〇万石に領地を減らされ、さらに無嗣《むし》（跡継ぎが決まる前に主君が死去する）問題で半分の一五万石に減らされました。

ところがなんと、家臣は減らさなかったのです。

領地が八分の一になっても家臣を減らさない。

これでは、財政がもつわけがありません。

お金が足りない藩は、何をしたのか。

増税をしました。

農民は不満を爆発させて一揆が起きるけれども、それでも増税は続きます。

農民はついに耕作地を放棄、つまり藩から逃げてしまいます。

すると税収が減るので、さらに増税をします。

年貢だけではとても足りないので商人から借金をしますが、それもやがて拒否されます。事実上の、「倒産」ですね。

米沢藩は、「領地を幕府に返すのはどうか」という議論を真剣に行ったこともあります。そんな藩に、鷹山は一七歳で養子に入るのです。

上杉鷹山が吹き続けた「種火」

一七歳の上杉鷹山が、板谷峠を通って米沢に向かうときのこと。

寝具もない中、一夜をこの峠で過ごし翌朝出立するとき、鷹山を乗せた駕籠の中から、「フー、フー」という音がします。家臣が駕籠の中を窺うと、鷹山がいまにも消えそうな煙草盆の火を吹いていていました。

「これは気がつかずに申し訳ございません。すぐに火を取り換えましょう」

「いや、このままで。思うところがあるから、このままにさせてくれ」

そうして大沢に着くと、鷹山は家臣に、次のような趣旨の話をしました。

「消えそうな種火を煙管《きせる》で吹き続けるのは大変苦しかったのだが、必死に吹いていたら、こうして火が熾《お》きてきた。これから向かう米沢も、藩政は先ほどの炭火のように消えかけているが、君臣が心と力を合わせて努力すれば、最初は辛くてもいつかは必ず火が燃え盛るであろう。ぜひそうしたいものである」

種火さえあればやがて火は燃え広がる。改革の意思を強く持って指導にあたれば、やがては改革の火が藩内全域に広がる。人々の心の中に火を灯そう――。

鷹山は生涯、この「種火思想」を持ち続けました。心に種火をずっと絶やさず、燃やし続けたのです。

鷹山にはこうした逸話が数多く残されています。

改革を遂行中、貧しい農家の老婦人が、「自分は何もできませんが、せめてこれを」と言って、鷹山に木綿の反物を献上します。鷹山はこれを着物に仕立て、大切に大切に愛用しました。

領民と君主の心が、一反の反物を通して通い合ったのです。

ほかにも、鷹山は夫人と二人、二夜三日も断食して五穀豊穣を祈るなど、およそ当時の大名としては考えられないほど、領民と寄り添いながら改革を進めました。

具体的に鷹山の改革は、どんなものだったのか。

まず徹底した倹約を行いつつ、殖産興業で漆や楮《こうぞ》、米沢織など名産品をつくり、利潤を上げて借金を減らすことでした。「入るを量りて出ずるを制す」ということを実践したわけです。

上杉鷹山の改革はなぜ反発を受けたのか

鷹山は名君の代名詞であり、実際鷹山の改革は群を抜いていて、幕府もこれを称賛し、現在でもその評価は高まる一方です。

ただあまりにも偉大であったために、失敗した部分についての考察が十分とは言えません。

例えば、一〇〇万本植林計画。

漆や桑、楮を各々一〇〇万本植える、というものです。

ところが、漆の実から生産したロウソクは、西日本のハゼの実でつくったロウソクに負けてしまいます。火の付きもよく値段も安いハゼのロウソクは、あっという間に米沢藩の漆のロウソクを市場から追い出してしまいました。

つまり、一〇〇万本の植林は失敗に終わったのです。

このことがあってから、鷹山は一時期引退を余儀なくされます。

市場のニーズや農村の実態にそぐわないこうした改革が失敗するのは、自然の成り行きでもありました。

そして改革はどんな時代でも反発されるものです。

鷹山の改革も例外ではありません。

その反発の中に、鷹山改革の弱点が見えます。

安永二年（一七七三）の「七家言上書」（あるいは「七家訴状」）。

鷹山が米沢に来てから四年目、改革の方針に反発する重臣七名が改革の中心人物であった竹俣当綱《たけまたまさつな》らの罷免などを求めた、クーデターの趣意書のようなものです。

中には「鷹山はしょせん養子だからわかるまいが」といった、罵詈雑言《ばりぞうごん》のようなものもありますが、その中に「君主の倹約などは小事である」という指摘があります。

鷹山は食事を一汁一菜にし、衣服は木綿、奥女中を五〇人から九人に減らし、奥向きの予算も大幅に削減しました。しかし「こうしたことは全体から見れば特に大事とはいえない。もっと本筋のことがあるであろう」というのが、クーデター側の言い分です。

たしかに鷹山の生活周辺の倹約など、全体から見れば微々たるものです。

しかし、藩主が率先して倹約するという「象徴的な効果」はもちろん大きいですね。

そのことは当時もよく理解されていました。

が、それでも反発を強めたのは、年数が経っても改革が実績をあげていないからでした。

改革は、すでに四年目。

反対勢力にとっては、「四年経っても実績があがらない。そのくせ鷹山は倹約の格好ばかりつけている」ということになります。

この「時間」については、あとでも触れたいと思います。

異なる意見を聞いているか

同じ指摘がこののちもされていきます。

寛政二年（一七九〇）に提出された「管見談」には、

「もはや倹約は限界にきており、年々国家も国民も疲れ果てて利益を出すことができない」

とあります。この時、鷹山が米沢に来て二〇年を超えています。

「藩全体の財政状況が極限に達している。その結果武士や領民が困窮している。そんな中でさらなる緊縮財政が行い得るのか」

というのです。

改革が正義だとしても、正義によって生活が成り立たないのでは本末転倒ですね。そのことを「管見談」は述べているのです。改革を推進する側は改革を〝絶対善〟と見ますが、それではダメで、現在の藩の実態を考慮しなければならない、ということですね。

このほかにも、鷹山の跡を継ぎ藩主となった上杉治広の側役、丸山平六が出した「建議」には、「広く意見を聞くべきだ」と記されています（鷹山は一度引退していますが、その後権力を復活させ、藩主が交代しても実権を握っていました）。

「大事を謀るの道は、広く異端を聞き賜ふに在り」

と、「異端」（異なる意見）を聴取すべきことが述べられています。

鷹山改革では側近の竹俣当綱らが、反対派の意見など聞かずに突っ走る場面がよく見られました。

異なる意見を聞く、というのは当たり前のように思えますが、歴史上、多くの改革がこの点をないがしろにしているのです。

そもそも改革をしようという人は、「それまでが間違っていた」という前提に立つわけです。だから、旧体制側（間違っていた側）からの意見を軽んじたり、無視する傾向があります。

しかし、旧体制側でも「このままではいけない」と思っている人間はいるわけです。そして旧体制にいたからこそわかる、改革の弱点や欠点も多いのです。

小泉純一郎という人が首相時代、秘書官に、

「反対勢力は協力勢力である」

とよく口にしたそうです（東大法・第七期蒲島郁夫ゼミ編『小泉政権の研究』所収・岡田秀一講演録）。

秘書官によれば、小泉は「反対があった方が論点が明確になる」と言ったそうです。

これは的を射た言葉だと感じます。

論点の明確化。

何が問題なのか、何が改革の最も難しい点なのかが、反対意見を聞くことで明確になるのです。鷹山自身は周囲の意見をよく取り入れる人物でしたが、改革全般を見れば、こうした指摘が折々に出されているのです。

かかりすぎた「時間」

　鷹山の改革は、いま触れてきたような〝失敗〟の部分を持ち合わせていましたが、いくつかある失敗の中で特に一つだけ取り上げるとしたら、それは〝時間〟ではないでしょうか。

　鷹山改革はその着手から実に五六年の歳月を経て、藩財政の累損をなくします（鷹山が亡くなった一年後に米沢藩は黒字に転じます）。

　これは、かかりすぎではないのか。

　いや、当時としては藩政改革自体に失敗している藩がほとんどだったのだから、むしろ大成功の一つである、というのもうなずけます。そもそも、幕府ですら財政改革に失敗しているのですから。さらにいえば、こんなに長期間改革を続けてこられたことの方が驚異的です。

　しかし、鷹山改革を現代に役立てようとした場合、そのかかった時間は気になります。

　先ほどふれた丸山平六の「建議」の中には、「政治決定を行う機関は単純化すべし」という指摘がありました。

当時の米沢藩では、家老や勘定頭、役所役などが寄り集まって衆議していましたが、これでは決定が遅くなり、また責任の所在がはっきりしないなど、課題がありました。問題はこの指摘が、鷹山が藩主に就任した年から計算すれば二二年後の、寛政元年（一七八九）ということです。

二二年間、意思決定改革は放置されていたのでしょうか。

もちろん、この間も意思決定機関を含めた改革は行われていたのですが、最初は革新的であった体制が、二〇年以上経って古くなり、状況に適応できなくなったのです。やや厳しい見方をすれば、「もっと頻繁に足下を見て、変えるべきを変えなければいけなかった」ということになります。

改革に時間がかかった要因の一つは、当時の殖産興業が、きょうつくって明日売るようなものではなかったことです。

例えば見事な米沢織にしても、養蚕をするために桑をつくり、お蚕さんを育て、絹を獲り、織りにかけねばなりません。それを理解した上で申し上げるならば、改革の途中、「天明の大飢饉」が起きて、米沢藩内でも餓死者を出してしまいました。つまり、時間がかかればかかるほど、被害を受ける人が出るということです。

私は鷹山の良識、鷹山の真心を信じて疑いません。

しかし、誠実で真面目で、常に自分よりも家臣や領民のことを案じた名君であっても、さまざまな失敗を経て大きな成果を得てきたということを、理解していただきたいと思います。

ふて寝する徳川慶喜

誠実で尊敬される理想的な指導者の失敗について見てきました。

少しだけ、「誠実ではない（そう感じさせない）指導者」についても、述べておきます。

徳川慶喜は、松平容保のところで触れたように、どうも家臣に対して誠実ではありませんでした。

慶喜は幕末の最終段階で、「このままでは幕府を維持するのは難しい。ならば、幕府を朝廷に返して、薩摩や長州、土佐藩といった雄藩と一緒に『連合政権』をつくろう。そうなれば、徳川には巨大な領地と兵がいるから、徳川がトップになる」と考えました。

幕藩体制はやめる。しかし、徳川がトップで居続ける。

そのためには、絶対に薩長と軍事衝突をしてはいけなかったのです。軍事衝突すれば、それを理由に薩長は朝廷を巻き込んで徳川を攻撃する。そうなれば連合政権はできなくなるわけです。

逆に言えば、薩長は自分たちが政権を握るために、どうしても徳川を武力で潰したい。だから、江戸で押し込み強盗などを働き徳川を挑発します。我慢の限界を超えた徳川方の庄内藩士たちが、薩摩藩の江戸屋敷を襲撃します。

京では、薩長が「王政復古の大号令」を出して、徳川を潰しにかかります。辞官納地、つまり徳川が官位を辞退して領地を朝廷に返すのなら武力攻撃はしないでやる、という屈辱的な要求を突きつけられますが、慶喜はこれを受けるために上洛しようとします。

しかし、ついに戦いが避けられないと知ると、

「風邪を引いて臥せっていた。もういかぬ（戦いになってしまう）という状況だったから、寝衣のままで終始いた。するなら勝手にしろというような考えも少しあった」（一部意訳。『昔夢会筆記《せきむかいひっき》』）

と、本人の述懐にあるように、薩長と自分の家臣たちが戦い始めたとき「ふて寝」をしていたわけです。事実だとすれば大変残念なことであり、また家臣たちから見れ

ば、軍を率いる総大将としての資格はまったくない、と言えるでしょう。自分の理想が実現しないからといって、指導者が組織を見捨てていいわけがないのです。

不誠実な人物に率いられた徳川方の家臣たちは、どれほど苦悩したことでしょう。

そう考えると、上杉鷹山の改革が五〇年以上にわたって続けられたことは、鷹山自身の徳であった、誠実さであったと言えましょう。

うたた寝をする近衛文麿

もう一人、不誠実な人物について触れます。

昭和元年から昭和二〇年までの間、総理大臣は一人を除いて全員、第一次内閣で終わっています。一人だけ、第三次内閣まで組織したのが近衛文麿です。

それだけ期待が大きかったのです。

ところが、とんでもない不誠実さを見せてしまいます。

近衛は第二次内閣のときに、日中和平工作を行う目的で、当時の中国国民党の大物政治家であった汪兆銘《おうちょうめい》を担ぎ出します。

汪兆銘は、中国国民から「売国奴」と呼ばれることも覚悟の上で日中の和平を実現すべく、当時国民政府のあった重慶から脱出したのに、近衛は最初から約束を破ります。

近衛は「中国大陸の日本軍は二年以内に撤退」という条件で汪兆銘を担ぎ出しますが、なんと汪兆銘が重慶を脱出したあと、陸軍の反対で〝撤兵〟の文字が汪兆銘との協定に盛り込まれませんでした。

ひどい話です。

このとき側近が近衛に、

「ひとつ総理から参謀総長の宮殿下（閑院宮元帥）に督促してください」

と言ったのですが、

「駄目だよ。効き目はないよ。もう少しお互いにうたた寝でもしていよう」

と、総理大臣室の長椅子に寝そべっていたそうです。

さらに近衛はそのあと、汪兆銘を見捨てるようにさっさと総理大臣を辞めてしまう、という無責任な態度をとりました。

また、第三次内閣のときにはアメリカと戦争になりそうになって、「自分は責任を負えない」と、これまた辞職します。開戦時の首相にはなりたくなかったわけです。

近衛自身は戦争に消極的でしたし、中国大陸での戦いも早く終わらせたいと願っていました。その心情は評価できます。しかし、このように肝心なときに政権を放り投げるという、指導者としてひじょうに問題のある行動をとりました。

松平容保や上杉鷹山と、徳川慶喜や近衛文麿の違いが、おわかりいただけたと思います。

(2) 能力と性格

〝偉大な父〟を超える最大所領

ここからは、「指導者は〝能力〟なのか〝人間性〟なのか」という点に絞ってお話ししていきます。

歴史に登場する人物の中には、不当に評価の低い人がいます。

例えば、武田勝頼。

「ダメな二代目」の代名詞のように言われるのですが、これは事実に反しています。

ご存じのように武田勝頼は武田信玄の息子で、「父親の信玄は偉かったが、せがれはダメだ」と、当時もいまも比較されてしまいます。

しかし、武田家が最大の所領を持ったのは信玄の時代ではなく、この勝頼の時代だったのです。つまり勝頼は、偉大な父親よりもさらに大きな所領を持つことに成功していたのです。

どちらがより大きな国なのか、というのが判断基準であった戦国時代、「武田家史上最大の領土を持った」という事実を無視して、勝頼を評価してはいけないと考えます。

もちろん、武田家が滅びたのは勝頼の代ですから、勝頼の武田家に対する責任は大きいでしょう。しかしそのことだけをもって、「勝頼は暗愚であった」とか「父に似ずダメな大名」というのは、極論です。

武田信玄という〝人間力に富んだ偉大な人物〟の「人間力」の部分をクローズアップしすぎることで、〝普通の人が最大限努力した〟勝頼を下に見る傾向があると言えましょう。

いま「普通の人」と勝頼のことを言ってしまいましたが、これも評価が低すぎます。

勝頼は、父親ほどの人間力はなかったものの、普通以上の徳と力を持っていました。

いくつかその証拠を申し上げましょう。

まず、勝頼はマイナスからのスタートでした。

勝頼は諏訪頼重の娘の子で、信玄の四男。本来、武田家を継ぐ人間ではなく、母方の諏訪氏を継ぎます。

ところが、信玄の長男（義信）の謀反や、次男の失明、三男が幼くして亡くなったことが重なり、跡継ぎになるはずではなかった勝頼が武田家を継ぎます（勝頼は正式な武田家当主ではなく、勝頼の息子・信勝が成人するまでの「陣代《じんだい》」という説が有力ですが、実質的な主君でした）。

予想せざる権力移行に、家中の一門衆（親戚）や譜代衆は、反発します。

一門衆の穴山信君《のぶただ》や木曾義昌らの立場に立てば、

「いくら信玄公の血を継いでいるといっても、所詮は他家（諏訪家）を相続した傍流ではないか。自分たちと立場はそう違わない」

本当は自分と身分の同じやつが、自分たちの上に立つ。これは面白くないわけです。なので、最初は勝頼に対して一族衆を含めた重臣たちからの風当たりが、大変強かったようです。

これはつらいですね。

それでも勝頼は、文句たらたらの重臣たちを粛正せずに率いて、最大の所領を獲得したのですから大したものです。

長篠合戦の敗戦後も七年間領地を維持

少し話を、父である信玄時代に戻します。

そもそも信玄が高い評価を得たのはなぜでしょうか。

信玄は戦いに強い武将でした。

デビュー戦である「海の口の戦い」での圧勝は、仲の悪かった父・信虎から嫉妬を受けるほどで、その後もほとんど連戦連勝。

戦いに勝てば家臣からの支持を受けやすくなります。また領土が拡大すれば他国との外交も有利に進められます。同盟関係が築きやすくなり（例えば関東の北条氏や駿河の今川氏との同盟）、さらに他国は武田家を無視できず、婚姻関係を望んできます。織田信長の娘が信玄の嫡男である武田義信に嫁いできたのはその好例です。

また家臣の実入りも増え、経済も良くなり、領内のインフラも整備されます（信玄堤など）。

現在も甲府に行くと信玄は「信玄公」と、〝公〟付けで呼ばれます。それは、甲斐の多くの地域にとって、信玄の施策が領民のためになったからにほかなりません。

勝頼はどうだったのでしょうか。

勝頼も戦いに強い武将でした。

信玄が生きている当時から勝頼は戦陣にあって、数々の勲功を立てています。

永禄六年（一五六四）の上野国《こうずけ》・箕輪城攻略を初陣とし、信玄と共に各地を転戦。徳川家康を破った三方原《みかたがはら》の戦いでも大将として前線指揮をとり、すでに申し上げたように、信玄亡き後も頑張って武田家史上最大の所領を手中に収めます。

領内で信玄堤のような治水・利水も行っていて、これも評価をすべきです。

武田家が滅びる直前の外交は問題がありましたが、総じて他国との関係を必要以上に悪化させることもなく、少なくとも表面的には有力大名家として活動を続けていきます。

ややもすると、織田信長・徳川家康連合軍と戦い敗れた「長篠《ながしの》合戦」で武田家が滅びたようなイメージがありますが、長篠合戦の敗北があってもなお七年の間、勝頼は武田家の所領を守り続けます。

武田家の敗因は国力の差

ではどうして武田家は滅びたのか。

私は、直接の原因は武田家の重臣たちにあると考えています。

勝頼を〝愚かな大名〟として描くと、その重臣たちは「愚かな主君のもとで苦しめられたかわいそうな家来」になってしまいますが、とんでもありません。

ずっと申し上げてきたように、勝頼は優れた経営手腕を持った大名であって、勝頼に常に批判的であった重臣を粛正もせず、忍耐強く率いていました。

が、一族や重臣たちの一部が織田信長はじめ新興勢力の台頭に圧倒され、「このまま武田家にいてはまずいぞ」と、自身の生存本能の赴くままに、勝頼を裏切っていくのです。

重臣は、下の者たちよりもより一層主君に尽くすことが求められます。その見返りに大きな領地、高い地位を与えられているのです。それなのに、忠誠心や忠義をまったく顧みない行動には、唖然とするほかありません。

しかしながら、他方で勝頼の性格、勝頼の人間力になんの問題・課題もなかったのかと言えば、それはウソになります。

重ねて言いますが、たとえ勝頼が多少性格に難のある人物であったとしても、重臣が勝頼を裏切る口実にしてはいけません。もし本気で「この主君ではダメだ」と思うのであれば、勝頼の父・信玄がやったように、主君（勝頼）を追い出して別の当主を立て、「新たな武田体制」を築くのが重臣たちの役割です。

そう思いつつも、勝頼から学ぶこととして、「人間性と仕事はどう関係するのか」ということを、考えたいと思います。

そこで、長篠合戦を例にお話しします。

天正三年（一五七五）、三河国、長篠・設楽《したら》ヶ原で行われたこの戦いは、それまで無敵と恐れられていた武田の騎馬軍団が、織田信長・徳川家康率いる鉄砲隊の三段撃ちによって壊滅した、と一般的には解釈されています。

しかし「鉄砲の三段撃ち」はなく、武田の敗因は縮めて言えば、国力による兵力差にありました。

当時武田家はおおよそ一二〇万石の領地を持っていたと推定されますが、織田・徳川の領地はその三倍。長篠合戦に動員された兵力も武田の一万五〇〇〇人に対し、織田・徳川連合軍は三万八〇〇〇人いました。攻城戦ではなく平地での戦いですから、少ない方が奇襲攻撃でも成功させない限り、物理的には普通勝てません。

兵器の優劣ももちろん影響があります。

これについて「武田家は鉄砲を軽視していた」という説がありますが、武田家は家臣たちを動員する際、「鉄砲を指定よりも多く持ってくれば、他の軍役を軽くする」と通達を出すほど、鉄砲を重要な兵器と認識していました。が、やはり国力の差から、織田・徳川連合軍よりも鉄砲の数が少なかったことは確かなようです。

索敵の不徹底を誘った〝勝利〟という魔物

どうして武田方が敗れたのか、簡単に順を追って説明します。

まず武田勝頼は、奥三河や美濃にまで順調に進出し、高天神城を落とします。父・信玄ですら陥落させることができなかった高天神城の陥落。ここで油断が生まれたことが想像できます。

長篠合戦では、前面で展開する織田・徳川連合軍の兵力が意外に少なく、木の柵を設けた程度の防御陣だったので、一気にこれを潰すために騎馬隊を正面から送り込みました。

しかし織田・徳川連合軍は別働隊を隠しておいたので、これが一斉に襲いかかって武田の勢いを止めたのです。高天神城陥落で生じた油断により、敵の別働隊を索敵することを徹底せず、結果勝頼は、織田信長の〝罠〟にはまったのです。

一般に言われるように、

「勝頼は無理を承知で、重臣たちの反対意見も聞かずに正面から騎馬隊を突っ込ませ、鉄砲の三段撃ちで殲滅させられた」

のではなかったのです。

いま申し上げたとおり、前面で展開する織田・徳川連合軍の兵力が意外に少なく、木の柵を設けた程度の防御陣だったので、一気にこれを潰すために騎馬隊を正面から送り込んだ、その部分だけ見ればまっとうな策でした。

「重臣たちの反対意見を聞かず」は事実だったようですが、これにも裏があります。正面突撃に反対した穴山信君《のぶただ》や小山田信茂、山県昌景《やまがたまさかげ》、馬場信房《のぶふさ》らは、もともと勝頼に批判的な重臣たちでした。彼らにとっては、ここで勝頼が大勝利を収めたら自分たちの立場が弱くなる、という思惑もあったわけです。反対に勝頼派の長坂釣閑斎《ちょうかんさい》や跡部大炊頭《おおいかみ》らは、勝頼の積極攻勢を支持します。つまり「派閥争い」が合戦に持ち込まれたのです。

繰り返しますが、当時の状況は、織田・徳川連合軍が木の柵の簡単な防御陣であり、これを正面攻撃することはまったく不思議でも無茶でもありませんでした。

ですから勝頼の失敗を正しく指摘するならば、以下のようになるでしょう。

第一に、国力の差に対する認識不足。

第二に、油断ゆえの索敵の不徹底。

第三に、合戦という非常時に「派閥争い」を持ち込む程度の統率力であった。

もし相手の国力を認識して侮らなければ、「こんなに兵力が少ないわけがない」と気づいて用心したでしょう。そして事前の戦いでの圧勝で油断しなければ、索敵をもっと徹底していたでしょう。勝利という〝魔物〟が、油断を誘います。

また、家中の反対派を心服させる力があれば、重臣たちも真に勝頼を思って進言したでしょうし、真に勝頼を思った進言ならば勝頼も素直に聴けたでしょう。そうなれば、仮に相手の兵力を見誤ったとしても、用心を怠らなかったものと思われます。

〝徳〟が失われていく行動

徳、というのは、指導者にとって欠かせないものです。

徳は、己よりも他の者を（家臣や末端の兵を）慈しみ、想うことで生じます。

加賀の前田利常という殿様はとても頑固者で、戦場で「危ないから逃げてください」と家臣が言っても逃げないし、江戸城内の「小便禁止」の立て札にわざわざ立ち小便をするような反骨の大名でしたが、家臣からはものすごく慕われました。

彼は戦死した家臣たちを弔ったときに、周りの目も気にせずに号泣するほど情の深い人物でした。わかりやすく言えば「相手を思いやる気持ち」「それを相手に感じてもらえることができる指導者」だったのです。

こういう人物は、苦境に陥ったときでも家臣から見捨てられません。

武田勝頼はどうだったか。

実は長篠合戦後、勝頼は〝徳〟が失われていく行動を取ります。

勝頼はいくさも強く、領土も拡張し、外交にも手腕を発揮しますが、度重なる出陣によって家中の人材が消耗していく中で、無理をしました。

すなわち、当主が戦死し跡取りがいなくなった場合、武士をやめていた親類の者に無理矢理跡を継がせたり、同じように成人の跡取りが皆戦死した家臣には、まだ幼い子どもでも当主に取り立てて、表面上は陣容を維持しました。

しかし、武士を辞めていた者はもともと武家が嫌であったり向いていない場合も多く、まして子どもを戦場に送り出すことなど、当時の常識から言ってもやり過ぎでした。

しかしそうしなければ追いつかないほど、勝頼は周辺に戦いを挑んでいきます。戦うことで自身の立場を守ろうとした、そんな印象すら受けます。

そして当時の家臣たちも、最初は勝頼に期待を寄せていた者たちまでもが、「家臣のことをどう思われているのだろう」という疑問符を勝頼に対して打ち始めるのです。

領土を維持・拡張しても、「自分たちは大切にされていない」と感じたら、家臣の心は離れます。それが天正一〇年（一五八二）二月、織田勢が本格的に武田領に侵攻してから、わずか一カ月で武田家が滅亡するという信じられない展開を生むのです。

二人の「井伊の赤鬼」

能力と性格について、さらに考えていきます。

幕末の老中・井伊直弼もまた興味深いケースです。

「井伊の赤備え」

とは、藩祖・井伊直政以来の、井伊家が合戦時にまとう朱色の甲冑《かっちゅう》を指します（「赤備え」はもともと武田家のものでしたが、武田家滅亡後、井伊直政が武田の旧臣たちを井伊家に迎えたことに始まります）。

井伊家はとにかく強い。

いまふうに言えば〝徳川の斬り込み隊長〟で、当主自らが先陣を切ることで知られていました。

で、この直政と、直政の時代から二〇〇年以上のちに井伊家当主となった直弼は、

「井伊の赤鬼」

と呼ばれます。

両者の「赤鬼」の意味はやや違っていて、直政の方は戦場での勇猛果敢な戦い方を、恐怖と賞賛、どちらかといえば賞賛に近い意味で使われます。

他方直弼の方は〝圧政者〟という意味合いで、対立する人々、特に勤皇派から恐怖と憎悪を象徴する意味で使われます。

直弼自身は乗馬も剣も達人の域に達していて、決してインドアな人物ではなかったのですが、活躍の場が戦場ではなく政争であったため、陰性の印象を持たれてしまったのでしょう。

井伊直弼に対する当時の人物評もひどいもので、

「掃部（直弼）は将器にあらず」。勘定奉行・永井尚志。

「児輩に等しき男（子ども程度の男）」。目付・岩瀬忠震《ただなり》。

「彦根侯（直弼は）性質奸佞《かんねい》（悪賢く、心が屈折している）」。水戸藩士・西野宣明《のぶあき》。最後の水戸藩士の評価は、直弼の身近にいたわけではないので割り引いて考えるとしても、幕府の勘定奉行や目付の評価は驚くほど厳しいですね。

直弼は保守派でしたから、幕府内でも改革派からは嫌われていました。

一方で、直弼は進んだ開国論も唱えているのです。

教養が深い真面目な人物

私たちは小説やドラマの影響もあって、坂本龍馬や西郷隆盛たちの「尊皇攘夷派」が進んだ存在で、「幕府方」は時代遅れの悪、というような決めつけをしがちです。

しかし、攘夷というのは果たして、合理的で進んだ考えであったのでしょうか。

国を閉ざし、外国人を追い払う（実際には外国人を殺す）ことが、未来の日本を築くことにつながったのでしょうか。

井伊直弼は嘉永六年（一八五三）、黒船来航のときに次のような意見書を提出しています。

「海防は、短期間で備えることはできません」

だから、

「交易は禁止されていますが、鎖国を決めた昔とは違って、いまは国同士でお互いに物品を融通し合うのは天地の道です」

つまり交易をすることが国際的な時流だと言っているのです。

さらに人材育成についても、

「アメリカやロシアも、航海術については最近習熟したと聞いています。この点、日本人は頭が良くて物覚えが早いですから、いまから訓練すれば、西洋人に劣るわけがありません」

そうやって国力を増してから、外国と平和的に対峙《たいじ》すべきであって、いまの状態（鎖国した状態）のままで外国に対抗なんかできるわけがない、と主張しています。

井伊直弼が政権を握ったあとで行った保守的な政策とやや違いがありますが、彼は基本的には「開国→通商→国力強化」という道筋を描いていました。

井伊直弼を蛇蝎《だかつ》のごとく嫌った西郷隆盛たちの明治新政府は、「他国との交易をしながら富国強兵政策を推し進め」ますが、これはまさに井伊直弼が志向したことと同じであり、そういう意味で井伊直弼は現実をよく知り、まっとうな未来をつくろうとした政治家であると言えましょう。

ついでに申し上げれば、井伊直弼がもし人間的に嫌なやつで、誰も近寄らない人物であったならば、保守派の中の統領になることも難しかったでしょう。井伊家が譜代の筆頭格であったとしても、こういう難しい時代に周囲から推される人物というのは、単に家柄や能力だけではないのです。直弼が少なくとも保守派の人間たちから信頼されていたこと、また、個人としてはひじょうに教養が深い真面目な人物であったことは、史実からも明らかです。

敵を敏感に反応させた政治的な粛正

ではなぜ井伊直弼は、敵陣営から暗殺されるほど憎まれたのでしょうか。それは、自分に敵対する者への容赦なき弾圧、それに対する反動と言えます。井伊直弼の暗殺理由は、主に次の三点と考えられます。

（1）天皇に許可を得ずに開国を決めたこと
（2）将軍家の跡継ぎを一橋慶喜ではなく徳川慶福《よしとみ》（家茂《いえもち》）に決めたこと
（3）「安政の大獄」によって大量の政治粛正を行った反発

（1）は「天皇をないがしろにした」という、思想性の強いものです。
（2）の将軍家跡取りについての争いは、徳川幕府始まって以来、いつの時代もよく起きた政争です。（1）（2）はいずれも、反対派から見れば腹の立つ問題ですが、幕府の最高責任者である老中を殺す、というところまではなかなか行きつきにくい。
しかし、（3）の「安政の大獄」は違います。

それまでの幕府の政治とは異なり、ひじょうに広範囲に網を広げて政治犯を捕えて罰したもので、大名やその家臣はもとより、僧侶や学者など、一般の人々まで捕えて投獄し、処刑しました。

その人数について、例えば「近代中国や旧ソ連時代の政争と比べれば逮捕・粛正された人数ははるかに少ないのだから、大げさに言うことはないのではないか」、という考えもあります。

しかし、それまでの幕府政治の中ではやってこなかった量の粛正は、たとえその数が百余名の逮捕（死刑と獄死は一四名）であっても敏感に反応せざるを得ない、というのが当時の感覚です。

歴史上、反対派の命を奪うという行為は、緻密な性格の指導者に多く見られます。

アドルフ・ヒトラーやヨシフ・スターリン、あるいは毛沢東やポル・ポトなど、極端な大量殺戮者はあまりにも病的なので、比較として適当ではないでしょう。政敵を計画的に排除していった代表例としては、徳川家康が挙げられます。

五〇年の粛正と一年の粛正

徳川家康は最初に石田三成ら最右翼の豊臣派を挑発して、関ヶ原合戦で一気に片を付けました。

続いて、徳川に味方した豊臣恩顧の大名たちを骨抜きにしていきます。この過程で、加藤清正などは毒殺された疑いもあるほどです。

そして最終的に豊臣家に難癖をつけて、豊臣が開戦しなければいられないように仕向け、大坂城を陥落させます。

豊臣家が消滅したあとも豊臣系大名の粛正は続き、福島正則は安芸広島四九万八〇〇〇石から信濃の川中島等四万五〇〇〇石、そして正則の死後には取り潰しとなります。加藤嘉明、堀尾吉晴、加藤清正ら豊臣恩顧の大名の子孫もまた、藩を維持することは叶いませんでした。

こういう徹底的な政敵排除は、家康の場合、豊臣秀吉死後（慶長三年・一五九八）から加藤嘉明の子・明成の改易（寛永二〇年・一六四三）までで考えると、実に半世紀に近い〝政策の継続〟ということになります。もちろん、将軍も家康から秀忠、そして三代家光に移っています。

「五〇年かけた粛正」ということになると、もはやそれは粛正というよりも「政策」に近いものであり、当事者以外は違和感を持ちにくかったでしょう。

家康が直接関与した粛正が豊臣家の滅亡（慶長二〇年・一六一五）までだとしても、一七年間です。

これに比べて井伊直弼の「安政の大獄」は、おおよそ一年。どれほど社会に与えた衝撃が大きかったか、想像に難くありません。

なぜ井伊直弼はかくも短期間におおぜいの人間を獄につなぎ、また処刑したのでしょうか。

私は、井伊直弼の置かれた状況と、本人の性格という二つの要素があったと考えます。

指導者は常に複数の選択ができることを心がける

置かれた状況とは、「放置すれば、幕府は権威を失う」ということです。

安政の大獄で最初に手を付けたのは、徳川斉昭や松平春嶽らの蟄居や隠居・謹慎を命じたものでした。これは、井伊直弼に対して彼らが不時登城（予定日以外の江戸城への登城）を行って直弼を詰問するなど、直接行動で敵対したことに対する緊急措置でもありました。

薩摩では島津斉彬《なりあきら》が井伊直弼に対抗するために、兵を率いる準備をしていました（ただし島津斉彬はこのあと急逝）。

放っておけば、政権がもたない。

井伊直弼は、自分が強い権力を維持することで強い幕府政治が行えると確信を持っていました。このこと自体は間違いではありません。権力基盤がしっかりしていなければ、威令は届きにくくなります。

緻密でひじょうに論理的だった直弼は、結論として「自分に対する反対派を弾圧しなければ幕政が衰え、ひいては国が滅びる」という考えに至りました。

諸説あるのではっきりしないのですが、実は直弼はそこまで強圧的ではなかった、直弼があずかり知らぬところで極刑が決定されていた、という説や、逆に周囲は処刑を免れさせようとしたけれども、直弼の命令で極刑になった、という話もあります。

いずれにしても、最終責任は政権担当者である大老の井伊直弼であり、そうである以上、「知らなかった」という理屈は通らないことになります。

井伊直弼が有能で、理論家であり、緻密な政治家であったことは確実です。そういう人物が〝指導者〟という立場に立つと、より完璧を求めて強い政治を行いやすくなります。

ここで私は、有能な指導者であればあるほど持つべき資質を、考えてみたいのです。どんな組織や社会でも、指導者にとって最も望ましくないのは、選択肢がない状況です。

右にも左にも行けず後退もできないとなれば、選択肢は止まるか前進するか、ですね。しかし、状況が動いているのに現状のまま何もしないということは自滅を意味します。つまり選択肢としては前進しかない。

でも、前方にはいずれ崖が出てくる。

それでも前以外に進めないのなら、前に行くしかない。崖に至るまでに別の方法を探るしかなくなるのです。

指導者は常に、複数の選択ができることを心がけなければいけません。

敵対する者を懐に入れる

井伊直弼は選択肢を増やすのではなく、自ら選択肢を減らしていきました。政敵を、それも末端の運動家たちまで縄に掛けて、引きずり下ろしたのです。なぜそこまでやり抜いたのか。それは、彼自身「この道しかない」という確信を持っていたからです。

しかし、不思議です。

井伊直弼の前に政権担当者であった阿部正弘もまた、「開国やむなし」と考えていました。二人の信念、政策の目標、目的はほとんど変わりないのです。

阿部正弘と井伊直弼の違いは、目的を実現する手段でした。

阿部正弘は、「尊皇攘夷派の一部も含め、知恵を集め力を合わせて、国難を乗り切る」。

井伊直弼は、「尊皇攘夷派を徹底排除し、幕府権力を固めて国難を乗り切る」。

指導者は信念を持たねばなりません。「この方向に進むのだ」という〝方向指示者〟でなければいけない。その上で、目的地にたどりつく方法については、さまざまな手段を選択肢として持たねばなりません。

目的を達成する「方法」に縛られると、他の方法を排除する可能性があるのです。

阿部正弘はこの点、尊皇攘夷派の徳川斉昭を自分の政権の中に取り込んで、斉昭の発言力を弱めると同時に、「阿部政権は尊皇です」というアピールにも使えました。

敵対する者を懐に入れるのは危険であり、また、口うるさい批判を常に聞かなければなりませんが、他方、体制内に入った人間は外に対しては体制側として節度を持つものです。

ダメな組織は、内側で批判をするのみならず、外に向かっても体制の批判を繰り返し、組織全体を弱体化させます。

現代の政治で言えば、党の中で侃々諤々《かんかんがくがく》の議論をし結論が出たにもかかわらず、外に対して「あれは間違いだ」と批判する議員がいますが、彼らは自分たちの外への発言が党に対する国民の信頼を損ねていることに気づいていないのです。

中でいくら非難の応酬があってもかまいません。組織内の風通しが良ければ良いほど、議論は活発です。しかし一度中で決めたことを、自分が賛成ではないからといって外に不満を漏らすのは、組織の存在を無意味にし、外部に組織の弱みを見せる最悪なやり方です。

この点、徳川斉昭は幕府内では厳しい発言をしていますが、外部勢力をあおることは、阿部正弘存命中はありませんでした。

そういう意味で、阿部正弘が徳川斉昭を政権内に取り込んだのは正解だったと言えましょう。

一方の井伊直弼は、人事に関してはまったく柔軟性を欠いており、将軍家跡継ぎについても尾張藩の徳川慶福が有能だから次期将軍に推すのではなく、徳川斉昭の実子である一橋慶喜では言うことを聞かないからだめ、という、派閥争いの次元で次期将軍を決定してしまいます。

そして自分が活躍することが幕府のためになるのだ、という強烈な自負心と、「開国する以外に手はないではないか」という論理的な結論が彼を強硬手段に走らせ、大反発を招きます。

国難のときに人材を粛正するくらいバカげたことはありません。

自分が譲れる範囲を決めて、事態をゆるやかに、思う方向に動かす。粛正して憎悪されて社会全体が萎縮するよりも、はるかに多い選択肢が与えられるはずです。

井伊直弼は人物としては大変有能で、肝の据わった人だっただけに、惜しい気がしてなりません。

（3）組織運営への関心の薄さ

総理大臣としてはパッとしない高橋是清

明治から大正・昭和にかけて活躍した財政家、高橋是清《これきよ》。

私は、個人的に高橋是清が大好きです。

生涯、二〇回近くも転職を経験。他人の借金の連帯保証人になって借金取りに追われたり、ペルーで銀山の詐欺に遭ったり、教師になれたと思ったら大病をして血を吐き、やっとまともに就職できたのに上司とケンカして辞めたり、一時は色街で太鼓持ちのようなことまでやりました。

しかし日銀副総裁として日露戦争では外債募集に大活躍。

なにせ、東洋の小さな島国が世界最強国の一つ、ロシアと戦うのです。単純におよそ一〇倍の大国相手ですから、誰も日本が勝つなんて思わない。当の日本人ですら、政府や軍の首脳たちは「なんとか五分五分に持っていきたい」なんて言っているわけです。

ですから、外国で「日本の債権を買ってくれ」と言ったって、負けるであろう国の債権なんか買うわけがない。

それを、高橋はあの手この手を使いながら購買者を増やしていき、日本軍の連戦連勝の影響もあって、ついに目標額を大きく上回るお金を欧米から集めることに成功しました。

その後も、日本が金融・財政危機になると高橋は大蔵大臣として起用され、すぐに混乱を収めます。

昭和二年（一九二七）、金融恐慌が起きたとき。

若槻《わかつき》礼次郎内閣の大蔵大臣が「渡辺銀行が破綻した」と発言したことから、国民はお金を下ろしに全国の銀行に殺到します。次の田中義一内閣で大蔵大臣になった高橋は、すぐにお札を刷らせます。時間がなかったのでなんと、裏は真っ白の、表だけ刷った札束です。これを銀行窓口のすぐに目に付くところに大量に置いて、国民に安心感を与えました。

あるいは、浜口雄幸内閣によって不景気のどん底になった景気を、高橋は犬養内閣の蔵相として立て直すことにほぼ成功しつつありました。蔵相の経験は七度に及びます。

その最後のところで、彼は二・二六事件により暗殺されるわけですが、主なものだけでもこれほどの活躍をした人物でした。

ところが、彼にはやや苦手なことがあったようです。

意外と知られていませんが、高橋は戦前の大政党である政友会の総裁になって、内閣総理大臣もやっていました。が、わずか七カ月で辞任します。

これほど八面六臂《はちめんろっぴ》の活躍ができ、少年時代にはアメリカで奴隷に売られたり転職を繰り返して世情に通じた人物であったにもかかわらず、なぜか、彼は政党の党首としてはパッとしなかったのです（政友会の総裁は、約二年半務めました）。

組織への愛着の薄さ

その理由は。

（1）政治資金の問題
高橋是清は日銀総裁や大蔵大臣を歴任していますから、「経済界に顔が利くはずだ」という理由もあって政友会の総裁に推されたのです。が、高橋が主に用立てたお金は、その元がほとんど高橋自身の資産であり、よって大量の政治資金を調達することはありませんでした。

戦前、政党の運営にはかなりの資金が必要であったと言われています。しかし高橋は、経済界に対して政治資金面での依存をしませんでした。

（2）政党運営への興味の薄さ

高橋が政友会総裁になったのは、原敬《たかし》が暗殺されたために急遽据えられたもので、自身が政党を率いる気などほとんどなかったと言っていいでしょう。

高橋には、人間として多くの美点があります。豪放でありながら繊細な一面を持ち、立場の弱い人を思いやる。数字に強い一方でユーモアがあり、国会答弁では質問者の笑いを誘う。言うだけでなく実行をする……。

他方、権力闘争、政局が好きではなく、そのために党所属の国会議員や主要な党員、あるいは官僚に対して、「あの人はこういう人だ」という個人的なことを積極的に知ろうとしない。結果、相手の名前を覚えない。これでは、人を惹きつけることは難しいでしょう。

（3）「党派よりも国家、政党よりも日本」という大きなスケールで物事を考える

護憲三派内閣（加藤高明内閣）で高橋が農商務大臣、民政党の幣原喜重郎が外務大臣のとき。

ある政策で幣原は高橋と反対の意見を述べ、結果的に幣原《しではら》の方が正しかったときのこと。

高橋は幣原に歩み寄って、

「よかった、君が頑張ってくれたので、日本は救われた」

と、言ったそうです。

「（高橋が）かえって自分の主張が行われなかったことを喜」んだことを、幣原自身が驚きと畏敬をもって書き残しています（幣原喜重郎『外交五十年』）。

しかし、政党より国家が大事で、政党運営に関心が薄かった高橋は党の人事にも無関心、党内根回しも得意ではなく、政友会はついに分裂をしてしまいます。

高橋を高く評価する論文や書籍では、以上のような〝私心なき姿〟が美しく描かれていますし、事実、見事な清廉さでした。さきほど触れた政治資金について言うと、もし経済界に金を無心していれば、経済界に堂々とモノが言えなかったでしょう。実

際に高橋は、経済界に対して何の遠慮もなく発言することができたのです。

以上を考えた上で高橋の失敗を指摘するとすれば、やはり（2）の政党運営への興味の薄さ、言い換えれば組織への愛着の薄さ、ではないでしょうか。

政党を愛した原敬との差

高橋の前の総理総裁は、原敬でした。

原の逸話はひじょうに多いのですが、一点だけ挙げれば、原は党所属の国会議員はもちろん、敵対政党や官僚たちの経歴、好みをすべて覚えていて、「貴族院議員の某はどんなところで遊んでいるのか」ということまで把握していたそうです。

また、党員が会いたいと願えば夜中でも会い、年末には金を無心に来る党関係者のために東京から離れなかったといいます。

原は政友会という組織に強い愛情を持っていたと同時に、「金が欲しい者には金を、名誉が欲しい者には名誉を、地位が欲しい者には地位を」というように、他者の欲望を満足させることによって勢力を拡大することを躊躇しませんでした。

あるジャーナリストが、金のかかる選挙について指摘すると、

「バカなことを言うな！　みんな金を欲しがるではないか。人が金を欲しがらない社会をあつらえてこいッ。そうしたら、金のかからぬ政治を見せてやるッ」（馬場恒吾『回顧と希望』）

と一喝したそうです。

「我田引水」ならぬ「我田引〝鉄〟」と揶揄された鉄道網の地方整備など、原には評価が分かれる部分があります。しかし巨大な政党を率いるときには、原のように組織に愛着を持つ人物でなければ、なかなかうまくいきません。

高橋是清のように組織運営に関心が薄いというのは致命傷になります。

普通、高橋のような組織運営の苦手な人物には、側近に資金調達のできる者、党内への配慮や気配りができる者が付いてサポートします。高橋の場合も、横田千之助や岡崎邦輔といった有能な人材が高橋を支えますが、横田は五六歳という若さで亡くなって、高橋が政友会総裁を辞任する要因の一つにもなりました。

原敬の直後を任された高橋は、常に原との比較にさらされます。

原のような、戦後も比較する人物がなかなか見当たらない「政党愛」の人物と、党派のことよりも国家が大事である、という信念で、党組織の運営に積極的でなかった高橋では、差が出るのは当然です。

私は、高橋の考え方が間違っているなどとはまったく思っていません。しかし事実として、他の要因はあるにせよ政友会は分裂しますし、高橋内閣は七カ月で終わります。

名前を覚えるのは「相手に興味を持つ」こと

指導者が指導者であることの意味は、組織を自分が思う方向に持っていけるかどうか、という点にあります。

総理総裁だからこそ、まさに高橋が理想とする政治が行えるはずでした。高橋が指導者としていま少し、組織に所属する人々への愛情と関心を持ち、どういう人々が自分と共に働いてくれるのか、ということを徹底的に知ればどうなったか。組織はもっと有機的に動いて、高橋は総理総裁として力強く理想を実現していたかもしれません。

大蔵大臣当時、説明に来た最古参の主税局長（松本重威《しげたけ》）や、辣腕で知られた主計局長（賀屋興宣《おきのり》。のち大蔵大臣）の名前をまったく知らなかったといいます。

松本重威や賀屋興宣は、会社で言えば役員です。その名前をまったく知らない。それでも大蔵大臣としては、立派に仕事ができました。

しかし、役所は機構として仕事をしていますから、まだ機能します。

もちろん部下の名前は知っていた方がいいに決まっていますが、「あの大臣はおれの名前を知らない」といってサボタージュする役人はいません。

しかし、政党はそうはいきません。

国会議員は〝多くの有権者から選ばれた〟という自負があります。そして政党の幹部、特に地方幹部は、自分たちが支えているから高橋は国会で天下国家を論じていられるんだ、という思いがある。自分たちこそ支持者の代表である、と。

それは事実でもあります。だからこそなお一層、彼らの自負心やプライドを大事にする必要があるのです。そしてその第一歩が、相手の名前を覚えることです。

人には得手不得手があるので、優秀な技術者や高橋のような有能な財政家でも、人の名前を覚えるのが苦手というのはあり得ます。

これはしかし、指導者にとっての一つの仕事ですらあります。

ある政党の幹部だった人物は、記憶力のとても優れている人でしたが、それでも政治家はとてつもない数の人間に会うのでなかなか名前を覚えきれない。顔と名前を一致させるために、彼は人と別れたあと、名刺にその人物の特徴をとらえて似顔絵を描き込んだそうです。

自分のことを覚えていてくれる、という感覚は、理屈抜きに好意をもたらします。高橋ほどの人物であればなおさらです。

「わずかそれだけのことか」と思われるかもしれませんが、人間のささいな感情は、物事を動かす上で意外な力を発揮するものです。

名前を覚えるというのはつまり、「相手に興味を持つ」ということです。

高橋は性格的に政治家、特に自分の利益のことばかり考える政治家があまり好きではなく、意識的に記憶から外していたのではないかとすら思えます。それが「組織運営に関心が薄い」高橋の政治家としての特徴を形作っていたかもしれません。

能力と同時に、その人物の性格が指導者としての力に影響を与える一例とも言えましょう。

〈総　括〉

第二講では、「指導者」を見てきました。

（1）「立派な人」の失敗では、徳のあった松平容保がなぜ会津戦争で大敗北に至ったのか。指導者として組織を守るために、京都守護職を引き受けないという選択もあったのではないか。引き受けたならば、味方を増やす努力をすべきではなかったか、という点を申し上げました。

上杉鷹山については、改革は〝絶対善〟に陥ってはだめで、常に実態を把握し、異なる意見に耳を傾けなければいけない、何よりも時間がかかりすぎている点を問題点として指摘しました。

近衛文麿に関しては、途中で投げ出す無責任さ、それによって日中和平にも大きな悪影響が出たことに触れました。

（2）の「能力と性格」では、まず武田勝頼が無能ではないことを明らかにし、しかし長篠合戦での油断、そして家臣たちへの愛情や慈悲深さの不足を、戦争頻発と関連づけて述べました。

また、井伊直弼については、見識豊かであったにもかかわらず、急激で過激な政治粛正が反対派の憎悪を生んだ仕組みをお話ししました。そして急激な粛正が、井伊直弼の選択肢を極端に狭めたこと、それが指導者としては避けるべきことであったと申し上げました。

（3）「組織運営への関心の薄さ」では、高橋是清を取り上げました。

近代日本が持ち得た最も有能な大蔵大臣でありながら、七カ月という短い総理大臣在任期間。それは、主として高橋が政治闘争や政党運営に興味が薄いことが要因の一つになっていました。

高橋は人名を覚えませんでしたが、名前を覚えれば理屈抜きで相手から好意を抱いてもらえます。なぜなら、名前を覚えるというのはつまり「相手に興味を持つ」ことだからです。

能力と同時に、その人物の性格が指導者としての力に影響を与えることの、なんと大きいことでしょうか。

松平容保や上杉鷹山の生真面目さ、誠実さが生かされるには、何が必要か。

近衛文麿や徳川慶喜の姿勢はなぜ生まれ、彼らにはどう対処すべきか。さらに考えてみたいものです。

第三講

重臣

(1) ナンバー2の悲劇

ナンバー2が排除されるとき

今回は重臣、特にナンバー2にフォーカスしてお話しします。
ナンバー2は、以下の種類に分けられます。

①指導者から委託を受けて、職務を代行する

例えば徳川幕府。

幕府を実際に動かしたのは、創業期の徳川家康や幕末などごく例外を除いて、ほとんどの時期、老中が「最高意思決定機関」でした。

老中は将軍から権限を与えられて政権運営をするわけです。

ここで必ず必要なのは「指導者と同等の視点」です。

指導者から委託を受けて代行する以上は、常に「自分が指導者ならばどう考え行動するか」と意識して職務を遂行すべきで、大所高所から大戦略や戦略を考え実行する。

それが「代行型」の姿です。

②指導者の指示のもと限定範囲で職務を執行する
よく見られるタイプです。

大戦略は指導者が考え、その戦略に沿ってさまざまな局面で助言したり、特定の方面を任されたりする。羽柴秀吉における竹中重治や黒田孝高《よしたか》など家臣団の幹部はまさにこのタイプです。

得意分野を持ち、実務能力に優れているけれども、全局面で指導者を代行するわけではありません。

③指導者のメッセンジャー

単に指導者の意思を伝達し命令を忠実にこなすだけのケースもあります。

スターリン独裁下の旧ソ連では恐怖政治が行われていましたが、幹部たちはスターリンを恐れて余計なことはせず、ひたすらスターリンの言いなりになります。処世術としてはアリでしょうが、組織を良い方向に持っていくことは難しいでしょう。

いずれのケースが良いのかは、その組織が何を重臣や参謀に求めているかによりますが、唯々諾々と命令に従うだけでは役に立ちませんし、逆に忠誠心を疑われるような、常に指導者に批判的なケースも有用とは言えません。

重臣は、「自分が指導者ならどういう判断をするのか」という大きな視点を持っていなければいけません。が、それは自分が指導者に取って代わるという意味ではありません。

そして、たとえ指導者が自分と違う判断をしたとしても、より良い方向に導くこともまた、重臣の役割です。

さて、最初に見ていくのは「ナンバー2の悲劇」です。

権力欲の強い指導者の場合、「自分を超えるナンバー2」を許しません。

その結果、ナンバー2が自分を超えるように感じたとき、指導者はナンバー2を排除しようと試みます。

これからその極端な例として、中国で毛沢東に仕えた三人の「ナンバー2」について、具体的に見ていきましょう。これはナンバー2の失敗というより、ナンバー2が気をつけるべき教訓とも言えそうです。

史上最悪の人為的な餓死者

毛沢東は「中華人民共和国・建国の父」として、いまでも中国では神格化されていますが、ずいぶん荒っぽい政策をやった人でもありました。

まず国共内戦（国民政府との戦い）で勝利して中華人民共和国を建国すると、最初は「農地解放」など農民たちに約束した政策を行うのですが、近代化を進めたい毛沢東はすぐに土地を農民から取り上げて、「農業の集団化」を含む「第一次五カ年計画」を行ないます。

が、当然ながら農民から不満が噴出して生産高が落ちます。

そこで共産党幹部の劉少奇《りゅうしょうき》や鄧小平《とうしょうへい》らは、毛沢東の行きすぎた政策を抑え込もうとしてある程度成功します。

そんな中で、一九五六年に第八回共産党大会が開かれました。ここで、「毛沢東の個人崇拝否定」を含む党規約改正が行われたのです。

簡単に言えば、毛沢東の政策が失敗して、それをナンバー2が修正し、その後、毛沢東の権威を見直す規約改正が行われた、ということです。

力を失いそうになった毛沢東は、「百花斉放・百家争鳴」運動をやります。これは、何を言ってもいい、それまでタブー視されていた共産党の批判をしてもいい、というものです。毛沢東の狙いは、党の実権を握った劉少奇や鄧小平ら実権派の追い落としでした。

複雑な経過をたどりますが、結果的に毛沢東は数十万人規模の粛正を行って、実権派は沈黙を余儀なくされます。

こうして権力を盛り返した毛沢東は、一九五八年に悪名高き「大躍進政策」を始めます。

「一五年以内にイギリスを追い抜く経済大国になる」

当時の超大国であるイギリスを、わずか一五年で追い越すというのですから大変です。しかも目標はのちに、「一五年」から「三年」に変更されます。

重化学工業や鉄鋼業の基盤が極めて小さな当時の中国で、この目標はもはや夢想でしかありませんでした。しかもそれを実行することで、「夢想」は「悪夢」となりました。

推計では、数千万人におよぶ史上最悪の人為的な餓死者を出したと言われています。

毛沢東の「秘策」

なぜ大勢の餓死者が出たのか。この部分が理解できないと「ナンバー2」の苦悩がわからなくなるので、少しだけ説明させてください。

まず、「人民公社」という名の集団農奴を全国につくり、土地を取り上げられた農民たちが強制的に集められ働かされました。

そこでは例えば、密集して作物を植える方法が行われます。こうすることで大量の作物が育つのですが、農業の素人でもわかるとおり、そんな植え方をすれば作物に栄養が行き渡りません。籾《もみ》の中に何もない、つまりは発育不全の作物ばかりを無駄に育てる結果になったのです。こんな無茶苦茶な農法が、全国で行われました。

また、各地の農村に「土法高炉」という小さな高炉が無数につくられ、古代の製鉄法によって量だけは大量に、しかし粗悪で使いものにならない鉄鋼が、数量の帳尻を合わせるため生産され続けました。

出先機関では、農業生産が順調であるかのごとくウソの報告を中央に提出します。ノルマを課されていたので、役人は自分を守るためにウソをつくのです。このウソの生産高を基にして、農村から収奪すべき食糧の量を決定しました。

例えば三〇しか生産していないのに、一〇〇生産できたと報告をする。そうすると、中央は「それなら七〇は出せるだろう」と命じる。三〇しかないのに七〇を出すにはどうしたらよいか。なんと、農民の食べる食事を減らしてまで農産物を拠出させたのです。

旧ソ連のスターリンも、工業化を進めるため大量の機械を輸入する際、農民の食べる分まで輸出に回して大量の餓死者を出しました。同じ穴のムジナ、ということでしょうか。

使いものにならない鉄鋼や、過酷な農産物の収奪。

ただでさえバランスの崩れた経済に天候不順が重なり、中国で大量の餓死者が出、ようやく「大躍進政策」は大幅な修正を行うことになりました。

餓死者続出の農村の現状を劉少奇や周恩来はその目でたしかめ、現実路線に戻していくのです。

一九五九年、毛沢東は国家主席を劉少奇に譲り、第一線から退きました。

これで、毛沢東は実権を失ったかに見えました。

ところが、毛沢東はすでに完全復活を考えていました。そして、時が来るのを待っていたのです。

毛沢東の秘策。それは、「ナンバー2の抹殺」でした。

直言しても聞いてもらえるか？

リーダーのジレンマで最大のものは、「後継者を育てる」ことと、「実力をつけた部下に追い落とされてはならない」という矛盾でしょう。

でも、「自分は組織のために何ができるのか」と考える健全なリーダーは、後継者の実力を恐れず、時期を誤らずに席を譲るものです。

一方、「組織は自分にどんなことをしてくれるのか」と、私欲が先に立つリーダーは実力のある部下を好みません。たとえ有能な部下でもある程度利用して、時期を見て捨てる。そして自身の延命を図るのです。

毛沢東は、まさにそういう指導者でした。

その最初の狙いは、彭徳懐《ほうとくかい》。

彭徳懐は人民解放軍のナンバー2で、副総理・国防部長（国防大臣）でした。

戦前には反・毛沢東派のクーデターを鎮圧し、朝鮮戦争では司令官となり活躍。政治的には常に毛沢東と行動を共にした人物で、軍からの支持は絶対的なものがありました。

毛沢東に対して敬称を使わないただ一人の幹部であり、軍人らしい率直な物言いもしますが、部下からは慕われていました。彼が粛清された後、国防部長に林彪《りんぴょう》が就任しますが、林彪も失脚すると彭徳懐系の軍幹部が台頭します。つまり彭徳懐本人は失脚しても、その人脈が軍に豊富に生き続けていたのです。

彭徳懐が毛沢東に敬称を使わないことを、毛自身が許容していたことでも、二人の距離がきわめて近かったのは明らかです。

しかし、権力者は部下の馴れ馴れしい態度を基本的に好みません。

ヒトラーは古参のナチス党員が親しげに話しかけてくると、露骨に嫌な顔をして無視をしました。

日本でも以前、総理大臣になることが決まった某氏が、

「『総理』なんて、呼ばないでくれよな。『さん』でいいよ」

と、親しい記者に言っておきながら、首相就任後しばらくすると、「さん」付けで声を掛けた記者に嫌な顔をしたそうです。権力者自身の慢心ですね。

他方、権力者に親しげな態度をとり、それを許容される部下にありがちなのが、「自分は信頼されている。だから直言しても聞いてもらえる」と誤解することです。

独裁者は、部下が服従している間は多少破目を外しても大目に見ます。しかし少し

でも自分に歯向かえば、容赦しない。

彭徳懐は大躍進政策の誤りを、毛沢東に手紙で諫言するのです。

毛沢東は怒りました。そして好機と捉えたのです。「この手紙を利用して、彭徳懐を追い落としてやろう」と。

毛沢東が巧みなのはただちに彭徳懐を罷免するのではなく、劉少奇や周恩来といった他の党幹部に意見を求め、彼らの同意を得てから会議の中で彭徳懐を吊るし上げたことです。

毛の個人的な恨みによるものではない、という演出。老獪ですね。

劉少奇や周恩来も、彭徳懐が言っている「大躍進政策」批判の多くの部分に賛成でしたが、自分たちが粛清されるおそれがあったために、彭徳懐を擁護しませんでした。

彭徳懐を擁護した者もいましたが、彼らは彭徳懐と共に粛清されます。

彭徳懐は役職を剥奪された後、文化大革命中の一九六七年に紅衛兵（若者たちの私設軍隊）から暴行を受けて下半身不随になり、病院に監禁。一九七四年、直腸ガンになりますが、治療はもちろん鎮痛剤も打ってもらえず、苦しみの中で亡くなります。

「文化大革命」は若者を利用した権力闘争

二人目は、劉少奇です。

国家主席であった劉少奇は鄧小平らと共に、毛沢東路線で破壊された中国経済や農村を救うべく、政策の転換を図ります。

例えば、あるていど自由に商売をすることができるよう商取引の規制を緩和したり、農民の勤労意欲が増すよう土地所有を再び認めるなどの方策です。

これは毛沢東の路線、つまり国家による経済・社会の完全コントロールから外れるものでした。

毛沢東にとって許せないのは、彼らが毛沢東と違う路線を歩み、しかもその政策が成功することでした。なぜなら、毛沢東と違うことをして成功したら「毛沢東は間違っていた」ということになってしまうからです。

毛沢東にとって権力を維持するためには、どうあっても彼らと彼らの修正路線を許すわけにはいきませんでした。

そこで毛沢東は〝文化大革命〟を起こすのです。

「文化」なんて言葉が付いているので誤解しそうですが、文化などカケラもない、野蛮で残酷な粛正劇でした。劉少奇や鄧小平といった実権派の党幹部を追い落とすために若者たちを巧みに利用して起こした、暴力をともなった大衆運動なのです。

一九六六年五月、北京大学構内に壁新聞が貼られました。内容は人学指導部を批判するもので、これが文化大革命の端緒となります。

毛沢東のやり方はこうです。

まず若者に火をつけて、大学や市の共産党など、若者の上に存在する権威を攻撃させる。

それらは主に劉少奇や鄧小平につながる実権派の共産党幹部たちで、毛沢東は若者の力で反・毛沢東派を攻撃するのです。

当然、劉少奇ら党中央は騒ぎを収めようとしますが、毛沢東は劉少奇らの事態収拾策を「反革命だ」と言って学生を擁護し、劉少奇らを批判します。

劉少奇にしても、毛沢東個人に逆らう気はありません。

毛沢東の政策を修正はしましたが、劉少奇はもともと毛沢東には忠実で、毛が夜型であったことから自身も夜型に生活を変えるほどでした。しかも大躍進政策の失敗で後退したとはいえ、毛は「中華人民共和国・建国の父」です。

有効な手を打てずにいる中で、学生を中心に自発的にできた「紅衛兵」という私設軍隊と、党の反主流派、権力に擦り寄る中間派などが、劉少奇ら実権派を追い詰めていきます。

毛沢東はさかんに紅衛兵を煽り、党中央は毛沢東の反発を恐れてそれを抑えられず、紅衛兵は各地で党幹部やその家族まで吊るし上げていきます。

撲殺などリンチが横行し、自殺に追い込まれる者も多数出ました。その数は一〇〇〇万人に及ぶとも言われています（ステファヌ・クルトワ他『共産主義黒書コミンテルン・アジア編』）。

そうしてついに、国家主席である劉少奇も紅衛兵の標的となります。

紅衛兵が本来警備厳重なはずの劉少奇の居宅に乱入し、劉少奇夫妻に暴力を振るったのです。現職の国家主席が襲われる……。警備は何をしていたのか？

そうです。国家の要人を警護する部署にまで、影響は及んでいたのです。

妻の王光美が逮捕され、劉少奇自身も自宅軟禁されますが、入浴も許されない中で病に倒れます。河南省に移送された後は倉庫に幽閉され、汚物の処理も許可されませんでした。劉少奇は、まるで彭徳懐と二重写しになるような、病床での悲惨な最期を迎えます。

指導者に盲目的に従うナンバー2の失敗

三人目は、林彪です。

軍人としては優れた能力があり、戦前は「常勝将軍」と言われ、最年少の元帥にも抜擢されたほどです。そして林彪は同じ「ナンバー2」でも、彭徳懐や劉少奇と比べると、ナンバー2としてのあり方が少し違っていました。

毛沢東の政策の誤りを修正しようとした彭徳懐や劉少奇と違い、林彪は毛沢東の政策がどんなに間違っていようと、徹頭徹尾、毛沢東にすり寄ったのです。

「大躍進政策」の誤り。つまり毛沢東路線に多くの共産党幹部が懸念を感じていたのに、林彪は違いました。彼は軍内部で徹底して「毛沢東思想」の学習を促し、毛沢東への無条件の忠誠を浸透させます。

よく文化大革命のときの映像で、若い紅衛兵たちが何かを手に持って高くかざしている様子が映し出されます。あれは『毛主席語録』という小冊子で、毛沢東の名言集のようなものです。これは林彪が軍内部で学習させるために書かせたものを、新たに編集したものでした。

無条件の忠誠を誓う徹底した〝ごますり〟でしたが、毛沢東はそんな林彪を憎からず感じていました。しかも林彪は劉少奇ら党主流派に反発する反主流派であり、劉少奇を追い落としたい毛沢東にとっては大いに利用価値がありました。

毛沢東は林彪への信頼感を高め、林彪はそれに応えてどんどん文化大革命を推し進めます。その結果、「林彪は毛沢東の後継者である」ということを、なんと党の規約に明記させるほどでした。

しかし、数々の権力闘争をくぐり抜けてきた毛沢東が無条件で林彪を信頼するはずがありません。

毛沢東は、「林彪は毛沢東の後継者である」と言いながら「国家主席」の廃止も宣言します。

これは何を意味したのでしょうか。

いくら党の規約で「林彪は毛沢東の後継者」と書かれていても、毛沢東の気が変わればすぐにその座は危うくなります。しかし林彪が国家主席になれば、いくら毛沢東でも林彪の権力をそう簡単に奪い取ることはできません。

国家主席だった劉少奇を粛清するために〝文化大革命〟という巨大な政治運動が必要であったことが、何よりの証拠です。

毛沢東の「国家主席を廃止する」とはすなわち、林彪を国家主席にはさせない、といういわば「保険」でもありました。

林彪は反発します。

そういう林彪を見て毛沢東は、「こいつは、オレをしのぐ力を持とうとしているな」という疑念を抱き、そのことは林彪に恐怖をもたらしました。

彭徳懐や劉少奇のように、自分も粛正されるのではないか……。

林彪は思いきった策に出ます。粛正される前にクーデターを起こして毛沢東を排除しようとしたのです。

しかし計画は失敗し、飛行機で逃亡中に林彪はモンゴルで墜落死します。

ナンバー2の悲劇

彭徳懐は、指導者に直言して座を奪われました。自分は毛沢東に絶大な信頼をされている、自分は毛沢東同様、国家を思っている。そういう「指導者の代行」としての行動が、彭徳懐を死に追いやりました。

劉少奇は、指導者の政策を修正したことで排除されました。毛沢東の支配下で実務能力を発揮していた劉少奇でしたが、その枠を少し超えたところで毛沢東から排除されるのです。

林彪は、指導者に無条件で従いながら、権力を確立しようとして失敗しました。指導者への絶対忠誠者も、自分の権力維持のためにクーデターを計画し破綻します。

これを毛沢東側から見ると、どうなるのか。

彭徳懐の場合は、側近というより友人に近い感覚があり、創業期には頼もしい友であったはずです。しかし組織が拡大し自身が巨大な権力の頂点に立つ時期には、煙たい存在でもありました。しかも、政策の失敗から失脚の危機に直面し、その失脚を後押しするかのような〝直言〟は、毛沢東にとっては〝言葉の弾丸〟に等しかったのです。

権力維持を第一に考えれば、長年の友情や信頼などは関係なくなります。

彭徳懐の失敗は毛沢東を信頼しすぎたことであり、創業を共にした友情や長年の交流に甘えたことです。

指導者がナンバー2の〝意見〟を〝権力闘争〟と捉えた瞬間に、彼の退場は決定したのです。

ではどうすればよかったのか。

彭徳懐は油断せず、毛沢東を追い込むための下準備として、他の幹部の了解を得てから直言すべきであり、それなくして、毛沢東のような権力第一主義の指導者を動かすことは不可能だと知るべきでした。そして、創業期と組織ができあがって拡大したあとでは、指導者の持つ価値観は異なる場合が多いことも、また承知すべきでした。

劉少奇の場合は、悲劇としか言いようがありません。

劉少奇は毛沢東の政策をより良い方向に修正しただけで、毛沢東を完全に排除する気など毛頭ありませんでした。劉少奇はもともと、共産党が弾圧されていた時期に密かに共産党の支部作りを敵の間近でやってきた超現実主義者で、組織の根回しなども得意でした。ですから、劉少奇が本気で毛沢東を排除するつもりであれば、もっとうまくやったはずです。

しかし劉少奇も毛沢東に対する忠誠心が強く、また毛沢東ならば理解してくれる、という楽観もあったようです。何より劉少奇は「実務の人」でしたから、毛沢東の支配下から離れようなどという気はありませんでした。

他方毛沢東にしてみれば、自分の行った政策を修正することは、自分の路線の否定、イコール「毛沢東の否定」につながると考えました。

目の前で国民が多数餓死している状況は、毛沢東も良いとは思っていません。しかしそれを修正していいのは毛沢東だけであって、幹部たちではない。それを許せば、幹部が毛沢東に取って代わる、ということになりかねないからです。

こういう場合、劉少奇はあくまで毛沢東の手によって政策の修正を行わせるべきでした。

が、毛沢東にその気がなかったので、もはや打つ手はありません。

これこそ、ナンバー2の悲劇でありました。

林彪の場合は、きわめてわかりやすく、結論も簡単です。

彼は、ひたすら毛沢東の言いなりになっていれば、粛正の恐怖におののく必要はありませんでした。自ら権力を求めたために毛沢東とぶつかるわけですから、権力を求めなければよかった。

毛沢東のような指導者のもとで生き残るには、それしかなかったでしょう。

いま申し上げたのは、あくまで毛沢東という独裁者の下で働く場合です。

けっきょく毛沢東もスターリンもヒトラーも、独裁者自身の死によらなければ、権力を奪い取ることができなかったわけです。つまり、どんな優秀なナンバー2がいても、政策の変更はかなわなかった、ということになります。

最強の〝ナンバー3〟

ところが、例外が一人います。

周恩来。

周恩来は戦前、日本に留学をしていて、戦後の日中国交樹立の際も署名を行っている場面がよく映像で流されます。

彼は初期の共産党時代から毛沢東と行動を共にしながら、最後まで粛正を免れた一人です。

初期には反目したこともありましたが、終始一貫、毛沢東を支持し、毛沢東も周恩来には手を出しませんでした。

「周囲と揉めずに、組織維持を第一に考える」

という性格。

常に毛沢東を立て、発言も行動も慎重を極めます。というよりも、劉少奇追い落としでは劉を最後までかばうことはなく、毛沢東の手先として行動しています。

そして彼は、家族を犠牲にしても毛沢東への忠誠を示しました。

周恩来には孫維世という養女がいました。周夫妻はこの娘をとても可愛がっていましたが、のちに毛沢東の妻で文化大革命を指揮した江青によって捕まり、拷問のすえ殺されています。

一説には、美貌の孫維世に嫉妬した江青が仕組んだ逮捕劇とされていますが、その逮捕状には、なんと周恩来の署名が書かれていたといいます。

周恩来は、娘の逮捕に反対することで自分が失脚し文化大革命がもっとひどい状態になることを恐れたのではないか、とも言われています。が、実子同然に可愛がっていた養女を間接的にせよ死に追いやったことは、徳川家康が織田信長の命令によって長男・信康を死に追いやったのと同じく、非情な政治的決断であったのでしょう。

代償は大きかったのですが、毛沢東には絶対逆らわないという態度によって、毛沢東の信頼を得ていきます。これも、徳川家康が織田信長の信頼をより強固にしていくのとよく似ています。

けっきょく、周恩来はナンバー2ではなく、〝ナンバー3〟の地位を維持し続けます。

「いつでも毛沢東に取って代われる」とは絶対に匂わせず、常にナンバー1にはならない距離に自身を置いていたわけです。

トップの地位にこだわる指導者の下で働く場合、たとえ具体的に「後継者は君だ」と言われたとしても、下の人間が想像もつかないほど権力へのこだわりは強いということは知っておかねばなりません。

そして、重臣の立場の人間は役職はどうあれ、指導者からは「ナンバー3」という感覚で見られる方が安心だということは、歴史の中でまま見られるということです。

近現代史の中でも時々目にしますが、実績を上げ、まるで宗教家のような哲学的で心打つ言葉を紡ぎ出す各界の指導者がいます。しかしどんなに言葉が美しくても、残念ながら、その人物が権力に拘泥しない立派な人とは限らないのです。

(2) 忠義の限界

指導者個人への忠誠か組織への忠誠か

重臣が尽くすべき忠義や忠誠は、組織に対してなのか、指導者に対してなのか。

重臣は、どこまで指導者に忠義を尽くせばよいのか。
この「忠義の対象」と「忠義の限界」を、豊臣家の滅亡は見事に示してくれていま
す。

大名の世界は、領地を与えてくれた者＝忠義の対象です。

上杉景勝は関ヶ原合戦では徳川を東国におびき出し、その隙に石田三成が西国で挙兵するという役割を担いました。家康を激怒させたという有名な「直江状」は、上杉家家老の直江兼続《なおえかねつぐ》が出したと言われています。

ところが、それから一四年後に勃発した大坂の陣では、上杉勢は徳川方として豊臣の大坂城攻城戦で奮闘します。

小説やドラマでは「豊臣家に忠義を尽くす正義の人、上杉景勝・直江兼続」として描かれますが、どうして大坂の陣ではそうならなかったのでしょう。

それは、大坂の陣の開戦時点で、上杉家の領地は徳川から与えられている、という形をとっていたからです。倫理的な問題ではなく、単純に統治機構の問題でした。

ですから、実際に領地を持つ大名が一人も豊臣方に行かなかったのは忠義の対象が徳川幕府であって、関ヶ原合戦後にただの一大名に転落していた豊臣家ではなかった

わけです。

たしかに関ヶ原合戦までは、「故・太閤殿下の御為」とか「太閤の御恩に報いる」という言葉を聞きますが、統治権を失った段階で、大名たちには豊臣家に忠義を尽くす義務はなくなるわけです。

となると、忠義の対象は雇ってくれている者、あるいは地位を保障してくれる者、ということになります。それが指導者個人（大坂の陣で言えば徳川家康）であるのか、指導者が率いる組織（徳川幕府）であるのかは、時々によって若干検討が必要ですが、指導者が組織を代表しているわけですから、指導者への忠誠心が主となります。

指導者はこの点をよく理解しなければなりません。

部下たちは指導者個人に従いますが、それは組織への忠誠心であって、個人への思いだけではないのです。

もちろんカリスマ的な指導者の場合、その個人を崇拝したり慕ったりして、無条件の忠誠を示す場合もあります。しかし指導者が誤った方針を打ち出せば、重臣たちは指導者個人よりも組織を優先するのが普通です（武田家の重臣たちは武田家そのものを滅ぼすことに加担したので、このケースには当てはまりません）。

それは組織維持の上から当然のことで、カリスマ経営者が実は会社の金を私的に流用していたとすれば、この経営者を会社から追い出すのは重臣として当然のことですし、それができない組織は潰れていきます。

企業の不祥事の中には、決して表に出ないようなケースもあります。内々で穏便に済ませるか、目をつぶってトップの言いなりになるか。ダメになっていく企業の多くで、重臣が「目をつぶってトップの言いなり」ということがあります。注意したいものです。

家康の難癖

豊臣家が一大名に転落したあと、豊臣家の重臣として活躍するのが片桐且元《かつもと》です。「賤ヶ岳の七本槍」の一人ですが、あまり政治向きのことは得意でなかったらしく、所領は秀吉が逝去する三年前にようやく一万石の大名になり、その後二万八〇〇〇石を領したにすぎません。

しかし実直な性格で、そこを徳川に利用されたわけですが、少しそのあたりを見てみましょう。

大坂の陣は、有名な方広寺の鐘銘に刻まれた文言が発端であることは、第一講でも触れました。

とにかく難癖をつけて豊臣家を挑発し、滅ぼしたい。

これは豊臣家にとっては寝耳に水で、あわてて片桐且元を家康の元に派遣し、弁明しようとします。

ところが、家康は会わない。

困惑している且元のところへ、本多正純と金地院崇伝《こんちいんすうでん》を行かせます。

このとき且元は「秀頼様が徳川に弓を引くことは絶対にない。そういう誓詞を出すということでどうでしょう」と提案しますが、「そんなものでは済まない」と言われます。

ではどうすれば許してもらえるか、という且元の問いに対し、家康は本多正純を通して、「且元が自分で考えろ」と突き放します。

そこで且元は、（1）秀頼母子が大坂城を出て国替えに応じるか、（2）秀頼が江戸に行くか（江戸参勤）、（3）淀殿を江戸に住まわせる（人質）、という三案をもって、とりあえず大坂に復命します。

これは且元が自分で考えたのか、本多正純あたりが入れ知恵をしたのかはよくわかりませんが、且元はおよそ一カ月近く駿府に滞在していたことから考えると、金地院崇伝や本多正純らの言葉のはしばしから、こうした条件を探り出したのでしょう。

忠義の限界を示した片桐且元

大坂城では、且元がなかなか戻らないので淀殿が大蔵卿局（淀殿の乳母）や正栄尼（秀頼の乳母）、二位局（秀頼の侍女）を且元とは別に駿府に派遣します。

淀殿に近い〝政治の素人〟たちでした。家康が手玉にとるのは、たやすいことだったでしょう。

家康は且元のときとは打って変わって、自ら大蔵卿局たちに会います。そして、

「淀殿もご心痛だろうが、何も心配することはない」

と、心にもないこと、且元に言っていることとは正反対のことを吹き込みます。

このあと駿府から大坂に戻る途中、片桐且元と大蔵卿局一行は近江の土山で一緒になります。そこで大蔵卿局は片桐且元から、自分たちが家康から聞いている話とまったく違う厳しい条件を聞かされます。

大蔵卿局は、

（且元は厳しい条件を出して、徳川に向けて自分の手柄にしようとしているに違いな

い）

と考え、且元よりも先に大坂城に戻ってその旨を淀殿に報告しました。

淀殿は激怒します。大野治長らは「片桐且元を殺し、対徳川の兵を挙げる」ことを決定します。

片桐且元はこの動きを察して大坂城から逃げますが、なんともやるせないことです。

淀殿は、二つの情報を天秤にかけました。

一つは、大蔵卿局からの情報。すなわち「家康から直接聞いた話」。

もう一つは、片桐且元からの情報。すなわち「且元が交渉し考え出した条件」。

淀殿は、自家の重臣（片桐且元）ではなく、敵（徳川家康）の言うことを信じたのです。

この時点で、片桐且元は豊臣家に対する忠義の限界に達していたと言っていいでしょう。

彼は、厳密に言えば徳川から領地を与えられた豊臣系の大名の一人にすぎません。豊臣家の家老ですが、他の大名同様、徳川とも君臣の主従関係を結んでいたわけです。

だから豊臣を裏切った、という見方もできるでしょうが、私はむしろ、徳川と主従関係を結んでいてもギリギリまで豊臣家を支えようとしていた、という方がより且元の実像に近い気がしてなりません。

豊臣系の黒田長政や藤堂高虎は、秀吉の死後早々に徳川色を明らかにしていましたし、豊臣系大名の子孫たちはみな、豊臣家に対する思いがそれほど強くありません。あえて豊臣家に思いを抱く大名を挙げれば、福島正則や加藤嘉明といった秀吉子飼いの生き残りでしょう。しかし彼らは徳川に警戒されて江戸で事実上の軟禁状態に置かれました。

方広寺事件の頃には加藤清正も浅野幸長も、この世にいません。

象徴的だったのは、豊臣方から誘いを受けた大名、浅野長晟《ながあきら》の態度です。かつて豊臣政権で五奉行の一人であった浅野長政の孫であり、秀吉の正妻・おね（高台院）は大叔母にあたります。

彼は、豊臣方から来た使者を、斬り殺しました。

浅野長晟のような連中と比べれば、片桐且元の忠義心は相当なものだったと言えましょう。

重臣クラスの人間が指導者から信頼されなくなれば、もはや存在価値はありません。尽くしても向こうが報いる気持ちがないのですから、これは限界と言えましょう。

且元の失敗をあえて挙げるとすれば、敵ではなく味方への根回し不足です。

淀殿が大蔵卿局を徳川に派遣したのは、且元が帰ってこなかった、つまりその間の報告を怠っていたからです。

且元の立場に立てば、途中経過などを知らせれば大騒ぎになるからとにかく結論を得てそのあと自分が淀殿たちを説得すればいい、と考えていたふしがあります。それは、且元が淀殿たちと深い信頼関係ができていなかったことを匂わせます。

「この件については、お前に任せる」という全権委任ではまったくなかったわけです。且元の豊臣家内部における地位の不安定さ、常日頃からの根回しの不足が考えられます。

豊臣家内部の構造は、まともな政治的決断ができるようにはなっていませんでしたし、淀殿や秀頼の指導者としての資質にも疑問がありますが、そうした組織での重臣は、なおさら事前の根回し、普段の人間関係の構築が重要になってきましょう。

しかし悩ましいところです。

片桐且元の不器用な性格からすれば、根回しは得意ではなかったでしょう。

そういう人間の性格も考慮した上で、豊臣家の指導層は片桐且元を遇すべきでした。しょせん、最終段階の豊臣家では、片桐且元を理解するのは無理だったのでしょう。

片桐且元は懸命に「どうすれば豊臣〝家〟が生き残れるか」を探り、組織を守ろうとしたのです。

対して豊臣指導層は、「どうすれば〝自分たち〟が思いどおり生きられるか」を模索します。

つまり豊臣家指導層は、「組織」の生き残りではなく自分たち指導層という「個」の想い、ずっと大坂城にいたい、いずれは天下を再び取りたいという想いを優先したのです。

豊臣〝家〟という組織を守ろうとした片桐且元の忠義が、限界に達したのは当然であったと言えましょう。

〈総　括〉

第三講では、重臣たちの失敗、特に問題のある指導者との関係で見てきました。最初に、重臣は（1）指導者の代理か役割分担者か、ということで、毛沢東の例を挙げました。

毛沢東のもとで粛正された三人のナンバー2。

彭徳懐は毛沢東との創業時以来の信頼関係から、「直言を行っても聞いてもらえる」と油断し、毛沢東に追い落とされました。事前に多数派を構成し、賛同を得てから直言すべきでした。

劉少奇は、誤った毛沢東路線を修正し国民を救おうとしますが、路線変更は毛沢東個人の否定につながることを、この実務家は用心深く感じるべきでした。路線変更を許せない毛沢東は、「文化大革命」を起こして劉少奇はじめ路線変更に賛成する勢力を徹底的に粛正しました。

毛沢東自身に路線変更をさせる以外道はありませんでしたが、毛沢東にその気がなかったのですから、劉少奇の運命は変えられなかったでしょう。

林彪は毛沢東の政策には常に無条件の賛成をし、毛沢東から後継者に指名されます。他方、毛沢東によって国家主席を廃止されたことで林彪はクーデターを企み、失敗して事故死します。

盲目的服従者であったナンバー2が、権力を追い求めた途端に破綻する。林彪は黙って毛沢東の死を待てば、あるいはナンバー1の席が回ってきたかもしれませんが、そういう器の人物ではありませんでした。

そんな中、最後まで粛正されなかったのが周恩来でした。

彼は〝ナンバー3〟を維持し続けることで粛正を免れてきました。もっとも、家族まで粛正の犠牲にしたことは、周恩来自身の大きな苦悩だったことでしょう。

権力志向が強い指導者との距離は、周恩来が参考となるかもしれません。ナンバー3という位置が、彼の持つ優れた調整能力を生かすことにもつながりました。

そして（2）忠義の限界について、豊臣家の重臣・片桐且元を例にお話ししました。

重臣は普通、組織を代表する指導者に忠誠を誓いますが、それは指導者が「組織を代表している」からであって、指導者が誤った方向に動いた場合、重臣は指導者個人への忠誠よりも組織への忠誠を重んずるべきです。

片桐且元は、多くの豊臣系大名が豊臣家を見限る中、最終段階まで豊臣家に忠誠を尽くします。彼は他の大名同様、徳川から領地を保障された徳川支配下の大名でしたが、それでも豊臣家を支え続けました。

しかし、肝心の豊臣家指導層、淀殿や豊臣秀頼から一方的に信頼されなくなった段階が、忠義の限界でした。

片桐且元は「どうすれば豊臣〝家〟が生き残れるか」を探り、組織を守ろうとします。対して豊臣指導層は、「どうすれば〝自分たち〟が思いどおり生きられるか」を模索します。

そこに片桐且元が忠義を尽くす義理はなかったのかもしれません。

歴史は、重臣が機能する組織でなければ、組織の維持は難しいことを教えてくれます。

第四講

勝利

(1) 勝利の恐ろしさ

〝ロンメル〟という言葉を使うな

今回は「勝利」について考えます。

勝利ほどありがたく、そして勝利ほど恐ろしいものはありません。

勝つ、ということは、さまざまな利益をもたらします。

あるときはお金や土地、あるときは地位や名誉、またあるときは勢力の拡大。

勝利は、指導者への尊敬や崇拝、組織への忠誠心も高めます。

勝利することによって個人や組織は、自信や誇り、確信をつかみます。

そのこと自体は決して悪いことではありません。自信を持ち、誇りを持ってそれに恥じない行動をとるということは、人間も組織も成長する段階できわめて有用です。

失敗を繰り返していたら、前に進むことは怖くてできなくなります。自信がない、自己肯定感が低い個人や組織は、ますます成長のチャンスをつかむことが難しくなっていきます。

ですから、成功、勝利は必要なのです。

第二次世界大戦で活躍したドイツの名将、エルヴィン・ロンメル将軍は、敗北が続いていたアフリカ戦線に派遣されて、とにかくイギリス軍に対して小さな勝利を重ねていくことを意識的に行ないました。

兵力で劣るドイツ軍は、敵の孤立した部隊をその何倍もの兵力で急襲します。全体の兵力は劣っていても、敵（イギリス軍）を分断して小部隊を生じさせ、そこを攻撃する。

「大軍で少数を撃つ」のですから、確実に勝てるわけです。

個々の戦いは小さな勝利でしたが、やがてドイツ軍の兵士は「戦えば必ず勝つ」という自信と信念を抱くようになり、逆にイギリスは、「ロンメルと彼の率いるドイツ軍にはきっと勝てない」という劣勢感を植え付けられてしまいました。

ロンメルのアフリカ軍団は、常に装備やガソリン不足に悩まされていたため勝利から生まれる慢心を抱くことが少なく、工夫や努力を続けなければいけない環境が、奇跡的にかなりの時期までロンメル・アフリカ軍団の勝利を維持させ続けました。

最終的には、エル・アラメインの戦い以降戦線が不利になって敗北していきますが、敵であるイギリス軍の司令官（クロード・オーキンレック大将）に、

「〝ロンメル〟という言葉を使うな」

とまで言わしめるほどでした。

過去の成功は未来を担保しない

ロンメルの率いる軍には、「慢心」が少なかったと申し上げました。

自信と慢心は、どう違うのでしょうか。

自信は、「やればできる」と自らを鼓舞することであるのに対し、慢心は、「自分はすごいのだ」と思い込むこと。過去の成功が未来を担保すると勘違いすることです。

過去は過去。立派な成績、勝利を収めたことは誇りに思ってもいい。しかし、それは〝飾られる表彰状〟でしかない。表彰状が、あなたの未来を約束してくれますか？

そんなことはありませんよね。

自分はこれを成し遂げた、という誇りはいつまでも持つべきです。

しかし、それは未来を約束しない。

もっと極端に言えば、「自分の未来とは関係ない」と割り切るくらいでもよいのです。

織田信長は、戦国時代のみならず日本史上でもまれな、傑出した人物でした。

私は信長の残虐性には、いくら戦国時代の価値観を当てはめてみても行き過ぎの部分があったと感じています。

信長の生涯を描き「一級史料」とも言われている『信長公記』は信長の人生を肯定的に描いていますが、その『信長公記』ですら信長の所業について、「目をおおうばかり」といった表現が散見されます。なので、あまり信長を英雄視するのはよくありませんが、時代を変革したことは認めなければいけないし、その行動力は「本当に中世の人なのか?」と思うほど大胆で素早い。

しかし最後は、本能寺で明智光秀の謀反に遭って殺されますね。

明智光秀が謀反を起こした理由は諸説ありますが、「いまなら信長を確実に殺せる」という確信を持っていたことは間違いないでしょう。

「織田信長はいま、本能寺に手勢一〇〇人ほど（諸説あります）しか連れずに宿泊している。これを一万人以上の軍勢で取り囲めば、確実に勝てる……」

ではなぜ、信長は本能寺に少数の手勢しか連れていなかったのでしょう。

信長が本能寺に宿泊するのはこのときが初めてではありません。

時々、少人数でやってきては泊まっていました。

行動を規制されることを嫌い、素早く自由に動き回りたい信長にとっては、いちいち大軍を引き連れて動くことが嫌だったのでしょう。特に、どこかを攻撃するためではなく自分を守るためだけに軍勢を割くというのは、信長独特の合理精神には反していました。

当然、家臣はそのことを知っています。

そして明智光秀は最も信長に近い位置にいましたし、京都には知人が多数いたため、信長の動きは完全に筒抜けだったわけです。

信長には、危機意識はなかったのでしょうか。

なかったと考えられます。

もし危機を感じていれば、信長は動いていたでしょう。少数で本能寺にいたのは、「周囲に敵がいない」という判断があったからです。

しかし、史実として明智光秀は謀反を起こしました。

ここで考えることは、はたして信長に慢心はなかったか、ということです。

信長は、過去の成功が未来を担保すると勘違いしてはいなかったでしょうか。

つまり「いままでこうやって成功してきた。だからこれからもこれでいい」という慢心です。

意外なほど慎重だった信長

信長は、ある時点までひじょうに注意深い、慎重な人物でした。

例えば桶狭間《おけはざま》合戦（永禄三年・一五六〇）。

あの奇襲攻撃は信長の慎重な情報収集の結果であったことが、近年では定説化しています。

信長は、今川義元の首を獲《と》った者（毛利新介）よりも、今川義元の本陣がどこにあるのか情報を収集した者（簗田広正《やなだひろまさ》）の方を高く評価しました（簗田広正が具体的に何を伝えたかは史料的にはっきりしていませんが、前後の状況から、義元の本陣の位置であったと推測されます）。

信長が慎重に索敵し、それを重視していたことがうかがわれます。

また、各地を攻略するときも慎重でした。

信長は父・信秀を喪って織田家を相続（天文二一年・一五五二）した後、実は、尾張一国の統一に七年もかかっています。

さらに桶狭間合戦から美濃の攻略まで、これも七年の歳月をかけています。自身の勢力、周囲の力関係など複雑な要素が絡み合っていますが、あの疾風怒濤のような信長の進撃とイメージがたいぶ違いますね。

私は、少なくともこの美濃攻略（永禄一〇年・一五六七）までの信長に慢心は感じません。

一歩ずつ、確実に前に進むようにしています。

ところが美濃攻略からあと、永禄一一年（一五六八）から猛烈な勢いで勢力を拡大させます。この年は北伊勢を攻略し、足利義昭を奉じて上洛し、まさに天下に号令をかけようとするわけです。

翌永禄一二年（一五六九）には伊勢を完全に手中に収め、その翌年は姉川の合戦で浅井・朝倉勢に勝利、元亀二年（一五七一）に比叡山焼き討ち、天正元年（一五七三）足利義昭を京から追放し室町幕府が事実上終わり、浅井・朝倉氏も滅亡。

あとはほぼ一年ごとに、近畿から紀伊半島、北陸、山陰、中国地方、四国へと勢力圏が拡大していきます。

本能寺を定宿にし始めた天正八年（一五八〇）とは

天正一〇年（一五八二）三月には武田勝頼を滅ぼし、畿内を中心に、東西南北に日本最大規模の所領を持つに至りました。

この度重なる勝利が、信長に慢心を抱かせたのでしょうか。

それははっきりしませんが、信長が本能寺を宿泊先にし始めるのが元亀元年（一五七三）です。京都に滞在するときによく利用していたのは当初、妙覚寺でしたが、天正五年（一五七七）には妙覚寺の隣に屋敷をつくります。が、これも理由は不明ですが二年ほどで皇太子・誠仁《さねひと》親王に譲渡し、天正八年（一五八〇）から本能寺を定宿とします。

天正八年は、信長にとって大きな転換点でした。

一〇年も戦い続けてきた本願寺との和睦が成立し、各地の一向一揆は信長と組織戦を戦えなくなりました。また、関東の北条氏が信長に従属を申し入れ、中国地方では羽柴秀吉が播磨を制圧します。

翌天正九年（一五八一）には高野山を攻撃、天正一〇年（一五八二）には武田家を滅ぼし、四国の長宗我部《ちょうそかべ》氏、中国の毛利氏は風前の灯火《ともしび》、越後の上杉氏も圧倒されていました。

つまり天正八年を境に、信長は完全な積極攻勢を行える体制になったのです。

この年石山本願寺との十年にわたる戦いが終止符を打たれたことは、大きかったでしょう。

全国で信長に反抗する一揆をこれで沈静化できますし、何より、相当な軍勢を石山本願寺に貼り付けておかなければならなかったことは、全国制覇を夢見る信長にとっては足かせになっていました。足かせが外れたことで、全国への侵攻が加速されます。

完全攻勢に移った、すなわち畿内にほとんど敵はなくなった時期が、本能寺を本格的に定宿として利用し始める天正八年の様相であったわけです。

情報がまったく入らなかった

周囲に敵なく、北陸、関東から東国、四国から中国まで、信長の勢力下に置かれる寸前でした。

そして天正一〇年（一五八二）六月二日、本能寺の変が勃発します。

私が信長の油断を感じるのはまさにこのときです。

早朝、信長は外の騒がしさに「様子を見てこい」と命じ、見てきた者の報告で明智光秀の謀反を知ります。

ということは。

光秀が桂川を渡って市中に入り、十重二十重に本能寺を囲むまで、信長には情報が入ってこなかったということです。

あの、慎重の上にも慎重を期して、田楽桶狭間周辺で索敵を行った信長は一体どこへいったのでしょうか。

一万を超える軍勢が京に入れば、必ず本能寺を囲む前の段階で何らかの情報が入るはずですが、信長は周囲にそうした網をまったく張っていなかったことになります。

勝利を重ねることで自信を増し、それが常勝の確信から油断に変化する……。

勝利の怖さが、おわかりいただけますでしょうか。

(2) 直近の勝利の恐ろしさ

桶狭間合戦での本当の敗北理由

織田信長の名を世に知らしめた最初の出来事は、桶狭間合戦です。

このとき討ち取られた今川義元は、「海道一の弓取り」と言われ、駿河・三河・遠江《とおとうみ》の三カ国の太守として君臨していました。

永禄三年（一五六〇）五月に義元は尾張に侵入しますが、その意図が上洛にあったのかどうかはっきりしません。しかし長年対抗してきた織田勢を葬り去ろうとしたことは明らかでした。

このとき、豪雨もあって隠密行動していた信長勢が突如今川義元の本陣を衝き、義元の首を獲ったとされていますが、どうやら少し様子が違うようです。

今川勢の少なくとも前衛にいた部隊は、向かってくる織田勢を目視して知っていました。

が、本陣への連絡が遅れたのです。

豪雨はたしかにあって、それは織田勢の動きを多少隠すことに成功したようですが、今川勢はもっと早く手が打てたのではないかとも言われています。

なぜ今川勢は機敏に反応しなかったのか。

以下の理由が考えられます。

一つは、桶狭間の本陣で長い評定《ひょうじょう》が行われて、当日の朝から昼頃までは陣を動かさなかったことが挙げられます。

鷲津や丸根の織田方の砦を陥落させたのですから、すぐに信長本隊に向かって進撃すべきでした。それなのに、義元本隊は悠々と弁当を食べて休憩していたのです。今川軍は信長が義元本陣に突撃をかけてくることなど、まったく予想もしていなかったからこそ、桶狭間山に滞陣したのでしょう。

もう一つはさきほど申しましたように、織田勢が桶狭間山の今川義元本隊に接近していることを、少なくとも今川の前衛部隊は知っていました。ところが、連絡の不備で本隊にその情報が上がるのが遅れます。

連絡の遅れは、「織田がうろちょろしているが、こちらは大軍だから、大丈夫だろう」という慢心が基礎にあったと思われます。

『三河物語』によれば、今川陣営内で、

「あそこ（山の下の方）に見える尾張勢（織田軍）はどれくらいの兵力か」

という議論をし、大したことはないという話になったのですが、石河六左衛門尉《ろくざえもんのじょう》が、

「高いところから敵を見下ろすと、大勢力も小勢に見えるものだ」

と言って、相手を軽く見ることを戒めています。が、石河六左衛門尉のような侍はごく少数でした。

山（おそらくは小高い丘陵）の上に陣取った今川勢にとって、まさか織田勢が山の下から攻撃を仕掛けてくるとは思わず、それも「上から見下ろして」いたため、織田勢がより小勢に見えたのです。明らかに相手を過小評価していました。

勝つための正しい準備の中に芽生える「慢心」

なぜ過小評価していたのかといえば、以下が原因として挙げられます。

①軍勢の圧倒的な兵力差
今川勢が二万五〇〇〇人に対し、織田勢は五〇〇〇人。
動員の人数については諸説ありますが、今川勢が織田勢の五～六倍の兵力であったと考えられます。

②今川義元にとって尾張の織田信長攻略は、すでに「済んだ話」になっていた
義元は桶狭間合戦の数年前（少なくとも弘治三年・一五五七）には、家督を息子の氏真《うじざね》に譲っているとみられます。駿河など支配地域の政治を氏真が行い、義元は外地侵攻、

周辺諸国との外交、そして上洛して天下に号令をかける、というところまで視野に入れていました。

天下掌握を想定している義元にとって、尾張攻略戦は負けるはずのない「通過点」にすぎなかったのです。この意識は、全軍の中に油断をつくるのに十分でした。
③鷲津砦や丸根砦といった、織田方の砦を鎧袖一触《がいしゅういっしょく》で陥落させた実戦での圧勝
織田方の出先に対する完勝に加え次々に織田方から寝返る者も出て、今川勢はまさに「予定通り」に進んでいきます。

今川義元はしかし凡将ではありません。

圧倒的な兵力は勝利のための準備でしたし、清須でまったく軍議をしなかった信長と違って、義元は掛川城でしっかりした軍議を行っており、普通であれば勝利していた可能性が高いと言えましょう。

ただし、今川義元の失敗から読み取れることは、慢心は十分な準備や圧倒的な力など、勝つための正しい準備の中に芽生えているということです。

圧倒的な兵力と緒戦の圧勝。こうした万全の準備と直近の勝利が、今川方に油断を

生むことになってしまいました。

日露戦争勝利を別な角度から見る

日露戦争での日本の勝利もまた、示唆に富むものです。

明治三七年（一九〇四）から翌明治三八年（一九〇五）まで続いた戦いは、国家財政や陸海軍力などで一〇倍の差があったロシアとの戦争でした。

開戦当初の国際世論は、「日本はロシアに勝てないだろう」というのが主流でした。その証拠に、高橋是清が外債を募集した際、最初は大変苦労した話は前に触れましたね。

当の日本の指導者ですら開戦寸前、「いまのところは五分五分」（児玉源太郎）、「半分の軍艦を沈める覚悟」（山本権兵衛）と言い、伊藤博文に至っては、完全に食欲を失っていたと伝えられています。

それでも勝てた理由について、兵の勇敢さや作戦の成功は言うまでもありませんが、別の角度から見ると①火力と装備で互角以上、②装備の運用、騎兵の活用などソフト面での優位、③緒戦の勝利による外債募集の成功、などが挙げられます。

①火力と装備で互角以上

艦船の数では互角かロシアが有利でしたが、例えば連合艦隊の戦艦がすべて一八ノット出せるのに比べ、バルチック艦隊の戦艦で一八ノットを出せるのは八隻のうち五隻にとどまりました。装甲巡洋艦に至っては、連合艦隊がすべての艦で二〇ノット以上出せるのに対し、バルチック艦隊の装甲巡洋艦はほとんどが一五〜一六ノットしか出ない老朽艦に近い代物でした。延焼力の強い下瀬《しもせ》火薬も有名ですね。

②ソフト面での優位

すぐれた艦隊運動や騎兵など機動力を生かした用兵のほかに、例えば無線機の開発・運用も挙げられます。日本が日露戦争時に活用した「三六式無線機」は、無線到達距離一〇〇〇キロメートルにも及ぶ、当時世界最高の無線機でした。

ちなみにこの無線機をつくった木村駿吉は、幕末に勝海舟の上司として咸臨丸《かんりんまる》でアメリカに行った木村摂津守の息子でした。

③外債募集の成功

財政の裏付けは重要です。お金がなければ戦いは続けられません。増税も行われ、まさに国を挙げての財政支援を行ったのです。

日露戦争という失敗の種

日露戦争は見事な勝利でした。

アジアの小国がロシアという世界超大国に勝利したのです。

もちろんギリギリの勝利でしたが、それでも勝ちは勝ちです。

ここから三六年後の昭和十六年（一九四一）、日本はアメリカ・イギリスと戦争を始めるわけですが、この米英との戦いのときも、「死中に活を求める」（軍令部総長・永野修身）といった、「勝てるかどうかわからない」という状況の中で開戦しました。もちろん、開戦派は「勝てる」と勇ましく発言していましたが、結果はご存じのとおりです。

日露戦争のときと違っていたのは、日露戦争開戦前には、開戦消極派の伊藤博文は「恐露病」とあざけりを受けますが、軍部も含めて指導者層はみな、強大なロシアに対する謙虚な恐怖を抱いていました。ですから、現地陸軍のナンバー2である児玉源太郎は、「どこで戦いを終わらせるかが大事」と、戦争中に東京に戻ってその話し合いをするわけです。

ところが日米開戦の折には、一部で慎重論・開戦反対論がありましたが、〝アメリカ恐るるに足らず〟ということを平気で口にする指導者もまた多く存在しました。陸軍軍務局長だった佐藤賢了《けんりょう》は自身アメリカ駐在の経験があり、それがたまたま大恐慌のときで、彼はごく一時期の混乱したアメリカを目にしていました。そこで、「あんな連中なら勝てる」という狭い見識で開戦論の一端を引っ張っていくのです。

いったい、「日本は勝てる」という自信はどこから生まれてきたのでしょうか。

それは、日露戦争勝利の中に、見ることができます。失敗の種、とでも言いましょうか。

勝利を決定づけるのは将兵を活かすシステム

日露戦争で日本がギリギリの勝利を収めたというのは、弾薬も兵員も財政も、せいいっぱいのところまできていた、ということです。

しかし日露戦争のあと、講和の条件で賠償金が取れないことに激昂した国民が焼き討ち事件を起こします。これは戦争の実情を政府が国民に伝えなかったことが主な原因でした。

他方国民に対して、「勇猛果敢な将兵」という〝現場での活躍〟を感動的に伝えました。

一部の誇張はあるものの、〝現場での活躍〟は実際に起きていて、日露戦争ではさまざまな人間ドラマが生まれました。首山堡《しゅざんぽ》の戦いで壮絶な戦いを繰り広げた橘周太中佐や、旅順港閉塞作戦で活躍した広瀬武夫中佐、乃木希典《まれすけ》大将とステッセル将軍との水師営の会見など、歌や劇や講談となって、国民に広まったのです。

つまり、国民は「将兵が勇猛果敢であったから勝利した」ということを、無意識のうちに記憶として残していきました。

繰り返しますが、将兵が勇猛果敢であったことは事実です。

しかし、勝利を決定づけていくには装備や運用や財政など、勇猛果敢な将兵を活かすためのシステムもあったはずです。

さらに。

さきほど触れた三六式無線機は、当初、「海軍無線電信調査委員会」で研究されます。

木村駿吉は第二高等学校（現在の東北大学）の教授からここに招かれるのですが、なんとこの委員会は当初の予算がゼロ。その後もしばらくは苦しい予算の中で開発が進められ、研究施設は「摂津」という老朽木造艦の中でした。

木村駿吉自身はその回顧の中で木造艦での研究の様子を愉快に述べてはいますが、見方を変えれば、戦いを左右した無線の開発がごく少数の開発者たちの辛苦のたまものであったということです。

つまり、本来予算や設備や人を手配すべき軍なり政府機関がそこまで手が回らず、集団のシステムではなく個人の能力に大きく依拠していたわけです。

人は、大事です。人こそが、組織の基であり宝です。

だからこそ人を最大限に生かしながら、しかし組織でやる以上は、個人に極端に依存するのではなく、組織として開発や運営ができるシステムをつくらねばなりません。

奉仕によって何事かをやらせようというのは、組織の「逃げ」です。

予算の少ない中で優れた成果を出したことを、実現した人物への称賛として使うのはよい。でも、組織が「予算が少なくたってできるんだ」と自画自賛すべきことではありません。「組織はダメでしたが、個人がよくやってくれました」と言っているのと同じなのです。

第一次世界大戦を体感できず

しかし、これらはまだ失敗の「種」でしかありませんでした。

日露戦争の勝利によって生まれた失敗の「種」が芽吹くための養分が、第一次世界大戦でした。

第一次世界大戦で日本は海軍をはるばるヨーロッパに派遣します。派遣された彼らは人命救助のために自らを犠牲にする戦いをして、現地では大変賞賛を受けました。しかし陸軍は青島攻略などごく一部の動員で、ヨーロッパに陸軍兵力は派遣されませんでした。理由は「欧州までの兵站《へいたん》が確保できない」、つまり補給や兵の補充ができないから無理だ、ということでした。

このことが、当時の連合国（イギリス・フランス・ロシアなど）の国民感情に反発を生み、日本と欧米との関係がおかしくなり始める契機とも言われています。

日本は現在、海上自衛隊をはじめ各自衛隊員が海外で国際協力をしています。国際社会が「みんなで危険に対処しよう」というときに協力しなければ、他国の国民がどう感じるかを、歴史からも学びたいものです。

さて、いずれにしても陸軍は第一次世界大戦に欧州へ兵を派遣しませんでした。よって、第一次世界大戦で活用された戦車や航空機、すさまじい量の砲撃などを、知識としては知っていても、実感として持つことができなかったのです。

そのため、例えば第一次世界大戦で明らかになった「砲兵の有用性」を日本はそんなに重視せず、軍縮を行う際に「一律何割」ということで、砲兵も歩兵も同じ割合で兵力の削減をします。

日本的な悪平等ですが、もし第一次世界大戦での苛烈な砲撃戦を体感していたらどうであったでしょうか。

第二次世界大戦でのインパール作戦でも明らかなように、日本軍は砲兵、大砲や砲弾の不足から十分な攻撃を行うことができず、白兵戦による無慈悲な攻撃を敢行します。これでは、勝利は難しい。

しかし、

（Ⅰ）日露戦争の白兵戦による勝利　＋　（Ⅱ）数々の伝説　＋　（Ⅲ）第一次世界大戦の体感のなさ

これらが加わったとき、時代は進んでいても砲兵を重視せず、白兵戦に頼る攻撃を続行していくのです。

重化学工業化の遅れが戦い方の差に

重化学工業の遅れも、大きな足かせとなりました。

第一次世界大戦中、戦争参加国は経済の余裕がなく、そのあいだ日本は、参戦各国はもとより各国の植民地にまで各種物資の市場を拡大し、席巻します。それによって第一次世界大戦中は空前の好景気に沸き、生糸、あるいは綿織物などを主要輸出品として、製糸業、紡績業で巨万の富を得ました。重化学工業を推し進めるまでもなく、個人も国家の収支も黒字になっていくわけです。

第一次世界大戦後の不況下では、政府は一時的に円安政策をとりますが、国際競争力のついていなかった機械工業などは国際市場で欧米の機械にまったく太刀打ちできず、重化学工業を育成する以前に、経済は力を失っていくのです。

製糸・紡績産業が国家経済の要であった時代に、近代戦への準備をするのはひじょうに苦労します。

国内に資源が少なく、重化学工業の進んでいない国家が世界大戦を戦うとすれば、あとは並外れた訓練と資材を惜しむかわりに人力に頼る、〝名人芸〟に依拠する体質にどんどん傾斜していかざるを得ないからです。

零戦を三菱の工場から各務原《かかみがはら》の飛行場まで、牛車で運んだ話があります。零戦という、世界最高水準の航空機はつくれても、それを運ぶ手段、道路などのインフラは追いつかなかったのです。

第二次世界大戦中、航空機生産で日本はアメリカの約四分の一、しかも品質が良くなかったので歩留まり分を入れるともっと少ない生産量でした。

そのため、一機で多くの敵機を撃ち落とさなければならなかったのです。

対してアメリカは、二機、もしくは三機がチームとなって、日本軍機一機を狙いました。

その方法も、「一撃したら離脱」を繰り返す。個々がアクロバット的に戦うのではなく、まず一機が狙った日本軍機に突っ込んで機銃を発射し、すぐに離れる。と、別の一機が逆方向から挟み撃ちにしてまた離れる。

単純な攻撃の仕方ですが、これは効果的です。しかも一撃離脱はそんなに高度な技量は必要なかったので、比較的経験の浅いパイロットでもやることができました。

これでは、ベテランのパイロットでも太刀打ちできません。

重化学工業化の遅れが生産量の差につながり、戦い方の差にもなっていったのです。

日露戦争の勝利は、現代の私たちにも自信と誇りを与えてくれます。しかし、私たちは決してこのことを慢心につなげてはいけない。勝利の歴史は、過去の栄光として自身の矜持《きょうじ》にのみ、活用しようではありませんか。

(3) 限られた範囲での勝利

毛利元就四三年、長宗我部元親二五年

次に、限られた範囲、限定された中で勝利をすることの怖さについて、お話しします。

井の中の蛙《かわず》、という言葉があります。

文字通り、井戸の中にいるカエル、という意味ですね。

井戸の中のカエルは、井戸の外の世界を知らない。ですから、井戸の中で王様になっても、それは真の意味で王になったわけではないのです。

さらに言えば、ずっと井戸の中にいられる、もしくは、井戸の中に自分より強いものが入ってこなければよいのですが、井戸の水かさが増して外に出たり、外から井戸に強いものが入ってくれば、カエルの王国はたちまち消えてなくなります。

このように、限定された範囲で勝利を重ねることで、全体から見た自分の強さ、弱さを測れなくなることが、歴史上ときどき見られます。

戦国時代、四国に長宗我部元親《もとちか》という大名がいました。

土佐の出身です。

元親はその土佐の一地域の豪族から、ついには四国をほぼ制圧するまでになりました。

とても魅力のある人物で、戦略家としてもきわめて有能。

家臣からも、また同盟を結んだ武将からも信頼される、戦国時代を代表する名将の一人です。

どれほどすごかったのかといえば、風雲児・織田信長が織田家の家督を継いでから中央で足利義昭を追放するまでが二二年。

長宗我部元親が家督を継いでから四国をほぼ手中に収めるまで、二五年。

浪人から成り上がった斎藤道三の支配地域は、結局美濃一国。北條早雲は、生前に関東を制覇してはいません。

毛利元就《もとなり》が中国地方八カ国の太守となったのは、二七歳で家督相続をしてから四三年後の永禄九年（一五六六）です。

そう考えると、元親が四国を制覇するのが家督相続から二五年後というのは、やはり驚異的と言えましょう。

ところがその元親が、あっけなく敗れるのです。

相手は、羽柴秀吉。

天正一三年（一五八五）六月に戦端が開かれて、およそ一カ月後に元親は降伏。

それまで、土佐の本山氏、安芸《あき》氏、関白職に就いた血筋の一条氏、伊予には毛利と同盟関係にあった河野氏、名門・西園寺氏、阿波には名族・三好氏など、そうそうたる武将たちを相手に圧倒的な強さを誇って四国を制覇した元親は、なぜ羽柴秀吉に敗れたのでしょうか。

限定的な範囲の勝利が開戦を決断させた

天正一三年（一五八五）の頃の羽柴秀吉はどんな状態だったのか。

本能寺の変（天正一〇年）のあと柴田勝家と戦って勝利（天正一一年）し、織田信長の後継者として躍り出て、翌天正一二年には小牧・長久手の戦いで徳川家康も降し、天正一三年一月、対立が続いていた毛利氏と講和を成し遂げていました。

越後の上杉氏は、本能寺の変のあと早々に羽柴秀吉によしみを通じていましたから、近畿・東海・北陸・山陰・山陽までもが、羽柴秀吉の傘下に入ったことになります。

このタイミングで、長宗我部元親は羽柴秀吉と戦ったのです。

勝てると思っていたのでしょうか？

実は、思っていたのです。

この天正一三年（一五八五）の秀吉による四国総攻撃以前、元親は四国での織田信長勢力、羽柴秀吉勢力との戦いに、連戦連勝でした。

信長系の三好氏や毛利系の河野氏に勝利したのをはじめ、天正一一年（一五八三）には、秀吉から十河存保《そごうまさやす》の救援を命じられた仙石秀久に、完勝しています。

つまり当時の長宗我部元親の感覚としては、「敵（秀吉）の領土支配までは無理でも、四国にやってくる秀吉軍を叩くことは可能であり、一撃一勝したあとで有利な講和に持ち込めるかもしれない」ということでした。

ところが、大きな勘違いがあったのです。

元親が連戦連勝していた四国の秀吉系大名や毛利系大名、秀吉幕下《ばっか》の仙谷秀久も、言うなれば「二線級」の戦力にすぎませんでした。

賤ヶ岳の合戦から小牧・長久手の合戦に至る時期、秀吉としては本隊を四国攻撃に振り分けることができず、四国の在地大名や、遊撃隊として仙石氏を送り込んで、勝利しないまでもとにかく四国に長宗我部氏を抑えつけておくことが重要でした。

日本の帝国陸海軍が中国大陸で戦った中国の正規軍は、予算上の問題もあって装備も兵の質も低く、大陸では次々に日本は勝利していきます。

また日米開戦直後の米英軍は、その一線級部隊をヨーロッパに展開しており、日本軍の強さはもちろんでしたが、戦っていた相手は（全部隊ではありませんが）二線級であったとも言われています。

長宗我部元親の四国国内戦での成功体験、仙石久秀や四国に残存していた二線級の、いわばカッコつきの「羽柴秀吉軍」に勝利した経験は、元親にとって危険な罠でした。

限定的な範囲での勝利が、対秀吉開戦判断に影響をおよぼしたことは間違いありません。

限定範囲で勝利し中央事情も知っていることの怖さ

生前、織田信長は元親を「鳥なき島の蝙蝠《こうもり》」と称しました（『土佐物語』）。

なるほど、そういうことか、当時から元親は「井の中の蛙」と思われていたのだな、
とここで話を終わらせてしまうと大事なことを忘れてしまいます。

本当に怖い「井の中の蛙」は、自分がちゃんと外のことをわかった上で、限定された範囲の勝利を重ねている、という状況なのです。

え？　それはどういうこと？

いま限定的な範囲で勝ち続けているけれども、ちゃんと中央で起きていることもわかっているし、誰がいまどれくらいの勢力を持っているのか、ちゃんとわかっている。

そういう状況が恐ろしいのです。

もし、四国という地域のことしか本当にわからないような人物であれば、おそらく四国制覇は不可能だったでしょう。そんな視野の狭い人間が、戦略的に動けるとは考えられないからです。

現に、長宗我部元親にはさまざまなルートを通じて情報が入っていました。中でも畿内から土佐を経て、豊後―日向―薩摩に至る海上交通路、「南海路」は重要です。

薩摩の先に琉球があり、その向こうにはイスパニア（スペイン）支配下のフィリピ

ンがありました。当時は東南アジアを経由してヨーロッパの文物が日本に流入していましたから、この南海路は、元親にとって世界に通じる窓でもありました。

また、戦国時代に活躍した近衛前久という異色の公家がいます。ずいぶん変わった人で、公家なのに上杉謙信の客将になって城を守ったり、反・信長包囲網に関与したり、かと思えば、その信長の代理人になって各地の大名に命令を伝えたり。あげ句、関白になりたがっていた秀吉を猶子《ゆうし》にしたり。

その前久が、信長から島津氏に停戦命令を届ける途上、南海路を利用して土佐に寄ったらしいのです。

「土佐の船頭の操船は見事であった」（「蜷川家文書」）

前久は元親の用意した船を利用し、その礼を手紙で送っています。

前久のような人物が南海路を行き来していたことは、元親に中央からの情報伝達路があったことを示唆しています。

情報は体感できない

問題は、中央の情報も詳しく知っていたであろう元親がなぜ情勢を見誤ったのか、ということです。

前後のいきさつから、元親には「まだ時間がある」とふんでいた気配があります。

元親は反・秀吉勢力（例えば小牧・長久手の戦いでの徳川家康）らと同盟します。が、それは「家康が勝利する」から味方したというよりも、これ以上、羽柴勢力を強大にしてはまずいと思ったからです。そして仮に秀吉が家康を負かすとしても、それにはだいぶ時間がかかるであろう、と予想したのではないでしょうか。

時間がかかるのであれば、その間に完全ではない四国の統一を成し遂げてしまおう、ということです。しかし、その余裕はありませんでした。情勢判断を誤ったのです。

第一次世界大戦のところで触れましたが、日本軍、特に陸軍は参戦しなかったために、航空機や戦車、膨大な火力を、知識としては知っていながら、それを実戦配備に完全に生かしたとは言いがたいわけです。

情報は、体感できません。人間は体感しなければ、即反応をしません。

加えて、情報の持つ特徴である「自分が聴きたい（信じたい）情報を優先し、知りたくない（不利な）情報を無視する」ということもあります。

昭和一九年（一九四四）一〇月の台湾沖航空戦では、当初日本軍の圧勝が伝えられました。

アメリカの第五八機動部隊は事実上殲滅した、と軍は判断しました。しかし、敵艦沈没を判断するのは攻撃に行った航空機の搭乗員たちで、彼らは敵艦もしくはその近辺に命中したことを「撃沈・轟沈」として報告し、上層部は確認する術もなくその情報を信じて、続くフィリピン作戦を立案し、惨敗します。

報告では、アメリカ軍の損害は「空母一九隻、戦艦四隻、巡洋艦七隻、（駆逐艦、巡洋艦を含む）艦種不明一五隻撃沈・撃破」でしたが、実際には「重巡洋艦二隻大破、航空機八九機」でした。

壊滅したはずの敵機動部隊がほぼ無傷のまま現れたのですから、勝てるわけがないのです。

元親はけっきょく四国〝本土決戦〟を行い、四万の兵で待ち構えましたが、秀吉は一二万近い大兵力を差し向け、秀吉側の圧勝で終わります。

六月一六日に始まり、八月六日に秀吉に降伏しますが、元親に降伏を決心させたのは、家臣の次の言葉でした。

一宮城を守っていた谷忠澄《ただずみ》。彼は、秀吉軍の装備がいかに優れているのか、軍馬の大きさまで比較し、自軍の貧弱な軍装、あるいは四国が戦乱によって農作物も十分ではないことを指摘。そして、

「国に兵粮乏しくして上方と永く取合ふべき用意なし」（「南海通記」）。

食べるものがなく、これ以上戦うのは無理だ、というのです。

昭和二〇年（一九四五）八月一三日、日本が終戦を決する閣議（ポツダム宣言受諾回答に関する閣議）における、広瀬豊作蔵相、石黒忠篤農相、小日向直登運輸相らの「国力判断からみて継戦不可能」という発言に通じるものがあります（下村海南『終戦記』）。

いずれにしても、中央の情報を体感できず、自分に都合の良い情報を基に始めた戦いで、長宗我部元親は惨敗しました。

(4) これがあれば大丈夫、という勝利への誤った確信

「鉄壁の守り」も容易に破られる

ここからは、巨大建築物や完璧と思われた兵器などへの過信について、触れていきます。

マジノ要塞。

一九四〇年に、ドイツ国境に完成したフランスの要塞です。マジノ「線」とも呼ば

れます。

それは、七四〇キロメートルにもわたる長大な構造物で、数千の砲塔やトーチカ、鉄条網地帯を擁し、コンクリートの厚さはなんと三五〇センチメートル以上。「現代版・万里の長城」のようです。

なぜこんなものを、莫大な予算を使ってフランスはつくったのか。

第一次世界大戦の西部戦線では、強力な火力による犠牲者が異常に多く、双方で五〇〇万人近くの損害を強いられました。このため戦後に少子化が進んだフランスは、火力に対して人的被害を最小限にするための防御陣地を築いたわけです。

フランスとしては第一次世界大戦で展開した塹壕《ざんごう》戦をイメージしましたが、実際に第二次世界大戦が始まると、ドイツは電撃戦で戦車と航空機を活用して一気にフランスになだれ込みました。

それも、正面突破をせずマジノ線をよけ、アルデンヌの森を経由してきたのです。アルデンヌの森は鬱蒼とした森ですので、ドイツ軍戦車が通るとは思わず、フランスは要塞を築いていませんでした。

マジノ要塞を迂回突破されたフランス軍はほとんど打つ手がなく、約一カ月でパリは陥落しました。

マジノ要塞はたしかに強固で、この要塞線を突破することは容易ではありません。莫大な予算をつぎ込み、期間をかけてつくったものだけに、フランスとしては「鉄壁の守り」と映ったわけです。

しかしドイツはいとも簡単に侵攻しました。

要塞を避けたのです。「鉄壁の守り」も、避けられてはどうしようもありません。

戦艦「大和」の機銃の数

戦艦「大和」。

全長二六三メートル、幅は最大で三八・九メートル。排水量は満載時には七万トンを超え、出力一五万馬力。そんな巨体にもかかわらず、二七ノット以上の速力が出せました。

主砲は、射程四万メートル超の四六サンチ砲。

もちろん、当時世界最大の戦艦です。「不沈戦艦」とも呼ばれました。

就航は昭和一六年（一九四一）一二月一六日。日米開戦の直後に世界最大の戦艦が運用可能となったのですから、当時の海軍関係者たちは大変喜びました。このクラスの艦をつくるには、数年（大和は急がせて約四年）かかります。タイミングを誤れば、できあがる前に戦争が終わっている可能性もあったのです。

しかしこの世界最大の戦艦を保有したことが、「艦隊決戦思想」に大いに影響を与えます。

こんな「不沈戦艦」があるのですから、日本が敗れるわけがない、という想いを抱くのは自然なことだったでしょう。

『男たちの大和』という映画がつくられたとき、大和の艦首から艦橋付近までの一九〇メートルが本物と同じ縮尺で再現されました。

尾道の造船所でつくられたのですが、私も出かけていって度肝を抜かれました。

これが、動くのか……。

もちろんセットは動きませんが、実物は動いて戦ったわけです。

セットの広い甲板を大勢の人が見学しながら、「ほー」と、なんとも言えぬため息をついていたのを覚えています。

呉には、「大和ミュージアム」があります。

日本には近代の戦史をテーマにした博物館は少ないのですが、この「大和ミュージアム」は展示の量だけでなく質も高く、何度も足を運んでいます。

ここで印象的だったのは、大和の艤装《ぎそう》の変化です。

艤装とは、レーダーや砲など艦船の中身のことですが、昭和一六年に就航した時にはスッキリとしている艤装が、昭和二〇年になると、ハリネズミのように見えるのです。

大和が就役した昭和一六年（一九四五）二月と、沖縄特攻に向かう昭和二〇年（一九四五）四月の、大和の主な砲の比較です。

	昭和一六年	昭和二〇年
三連装四五口径四六サンチ砲	三基	三基
三連装六〇口径一五・五サンチ砲	四基	二基
四〇口径一二・七サンチ連装高角砲	六基	一二基

高角砲の増設が目立ちますが、大きな違いはありません。

が、次の数字には大きな差が見えます。

二五ミリ三連装機銃　　　昭和一六年　八基　　　昭和二〇年　五二基

二五ミリ三連装機銃は、主に対航空機用です。

つまり、艦隊決戦を想定してつくられた世界最大の戦艦が、最後は対空砲を中心に艤装され、航空機と戦って沈められたのです。

「不沈戦艦」だと信じられていた艦も、艦対艦ではなく艦対空では、本領を発揮できなかった。環境の変化によって、巨大なシステムが意味を失う一例と言えましょう。

大坂城の焼け跡から見つかった膨大な金銀

よく「難攻不落」という言葉が使われますが、豊臣時代の大坂城はまさにその形容が似合う、どう考えても陥落させることのできない城に思えます。

それは、軍勢に囲まれてもなお、その自信を持つに十分な規模を誇りました。

もしあなたが慶長一九年（一六一四）の一一月、すなわち大坂冬の陣の折に、大坂城本丸から市中を見渡したなら、こんな光景を目にしたのではないでしょうか。

眼下に広がる広大な大坂城内に約一〇万の味方が配置され、さらにその向こうに、見渡す限りの要害が見えます。西は横堀、北は天満川と水田（湿地帯）が広がり、東には大和川、平野川。はるか西には大坂湾も望めます。

二〇メートルごとの櫓《やぐら》、高さ三〇メートルの石壁、壕の中には柵を幾重にも設け、主要な場所には砦を築きました。特に、大坂城の弱点と言われた城南の平野口小橋の北には、真田信繁（俗称「幸村」）が巨大な出丸を築き、六〇〇〇の兵を配置していま す。

大坂城はあまりにも規模が大きすぎましたから、本丸からは開戦当初、徳川方は米粒の集団ていどにしか見えなかったかもしれません。

豊臣家は表向き、摂津・河内・和泉三カ国、六五万石の大名にすぎませんが、その財力はとてつもないものでした。

豊臣方が死力を出し切って敗れ、大坂城が落城したあとなお、黄金二万八〇六〇枚、銀二万四〇〇〇枚余が焼け跡から見つかっているのです。

重ねて言いますが、「敗れたあと」に、こんなに残っていました（その場での盗難もあったでしょうから、実数はこれ以上でしょう）。

家康は秀吉の死去後、豊臣家の財力を恐れてさまざまな支出を強いています。延暦寺横川中堂や醍醐寺三宝院、相国寺法堂、北野天満宮や大坂四天王寺等々。豊臣家が出資した多くの寺社のうち、現在も残っている建造物はほぼ例外なく国宝や重要文化財に指定されていることからもわかるように、建造に要した額は、莫大なものでした。

しかもなお、これだけの金銭を残し得たのです。

難攻不落の大坂城を崩壊させたもの

難攻不落の城塞に、豊富な資金。

それでも大坂城が落城したのは、「この城は絶対に陥落しない」という不敗神話が崩れたからにほかなりません。

なぜ不敗神話が崩れたのか。

それは、城の弱点を攻撃されたからです。

大坂冬の陣が終わって、講和条件である外堀を埋める工事が始まりますが、すぐに内堀まで埋められてしまいました。惣堀（外堀）をはじめ、二の丸、三の丸が壊され、その壊された建物や石垣を崩して、内堀が埋められたのです。

これには「豊臣方の了解はあった」とする説もありますが、結果として「裸城」になったことは否定できないでしょう。

もう一つ、徳川方は大坂城の弱点を衝きました。

それは、人間の不和です。

難攻不落の大坂城に大軍を動員していたのは徳川方も同じで、二〇万からの軍勢を寒空のなか野宿させ、その兵糧も半端な量ではない。しかも戦勢は五分五分。このまま長く戦いが続けば、徳川方に不満も出ます。

戦っている相手は豊臣家だけですから、勝ったところで、諸大名に分け与えられる所領はきわめて少ないわけです。幕藩体制はまだ緒に就いたばかりのこの時期に、長期戦は好ましくないという結論になります。

そこで徳川方は、大坂城を実質的に指揮している淀殿とその取り巻きの、いわば〝戦いの素人たち〟と、お雇い浪人たちの間にくさびを打ち込みます。

すなわち、城内にいる織田有楽斎などに和睦の話を通すと同時に、わざと城から見えるところに地下道を掘らせてみたり、夜中に一斉射撃を命じて城方の睡眠妨害をしたり。要は精神的に疲労させようとしたのです。

さらに、大砲の一斉射撃で脅しをかけます。

この大砲には、四貫目（約一六キログラム）、五貫目（約二〇キログラム）の鉄の玉を飛ばせるものも十数門含まれており、そのうちの一発が淀殿の御座所に命中して柱をなぎ倒し、侍女数名が犠牲になりました。これで淀殿は和睦に傾きます。

戦い全般としては決して不利ではなかった豊臣方ですが、継戦を主張する浪人たちと、和睦したい淀殿との意見対立によって戦いの勢いは削がれ、和睦の結果内堀まで埋め立てられてついに豊臣家は滅びます。

もし小国に「ホワイトハウス」があったら

破られるはずのない要塞線。

沈むはずのない不沈戦艦。

落城するはずのない難攻不落の城。

「はずがない」と思わせる完璧なモノやシステムをつくることは、とても大切です。

日本人は最初から完成度の高いモノをつくることが得意ですし、そういう国民性を持っています。

しかし、状況は常に動いています。

立案されたときに最強であっても、数年を経ずしてただの「巨大なかたまり」になったり、あるいは、弱点を攻めれば容易に陥《お》とせるものであったり。

「完璧なモノが無駄だ」と言っているのではありません。

常にメンテナンスし、時代に合った形に変化させることが重要ですし、そうやって「重厚長大」なものでも臨機応変に生かす運用を心がけねばなりません。

さらに、利用する人間も大事な要素です。

例えば秀吉存命中に、大坂城が危機に陥ったことはありませんでした。豊臣秀吉という政治力が、大坂城という巨大な城塞を持つことでよりパワーアップしていたわけです。

秀吉にとって大坂城は、極論すれば「使える道具」でした。アメリカのホワイトハウスがそうであるように、訪問してきた者を威圧、あるいは圧倒することを目的としていたわけです。もしどこかの小国にホワイトハウスとそっくりな建物があったとしても、アメリカ大統領に対するときと同じ威圧感を感じるでしょうか。

秀吉がもし天下人ではなく、中くらいの大名だったとしたら、「ほー、えらいもんをつくったな。維持費が大変だろう」くらいの感想であったでしょう。そして、もしかしたら「奪い取ってやろう」という野心が生まれるかもしれません。
完成度の高いものは、それ自身によって何かを約束されるわけではありません。
どう運用するのか。
誰が運用するのか。
変更を加えて運用できるのか。
時流に合った運用ができるのか。
こうしたことがきわめて重要なのです。

〈総　括〉

第四講では「勝利」の怖さ、勝つことの恐ろしさについて、述べてきました。

（1）勝利の恐ろしさでは、まず「慢心」と「自信」の違いについて、ロンメル将軍を例にお話ししました。自信は、「やればできる」と自らを鼓舞すること。慢心は、過去の成功が未来を担保すると勘違いすること。

織田信長はある時期まで慢心せず、しかし周囲に敵がいなくなると慢心が生まれ、少数の供だけ連れた本能寺で謀反にあいます。このとき、大軍が京に侵入したにもかかわらず、信長のもとにはギリギリまで情報が来ませんでした。信長の油断を物語る象徴的な事象です。

（2）直近の勝利の恐ろしさでは、直前までの勝利によって判断を誤ることについて、お話ししました。

桶狭間合戦では、織田軍の動きを今川勢は目視していたにもかかわらず、「どうせ少勢だろう」「たいしたことはない」と油断します。それは桶狭間合戦の直前、尾張に侵入した今川勢によって織田方の砦が次々と陥落し、寝返りする者も出て、勝利を確信していたからです。

今川勢は、よく準備されていました。兵を整え大軍勢で押し寄せ、作戦会議を開いて緻密に打ち合わせを済ませる。しかしそうした「勝つための正しい準備」ゆえに、「慢心」が芽生えたことは否定できません。

完全な準備をしてなお油断しない慎重さが求められるのです。

また、日露戦争についても触れました。

日本は日露戦争に勝ちましたが、そこでは日本の弱点もあぶり出されました。資源の少ない、重化学工業化していない国が戦争するためには、個人の力に頼らねばならない。そのこと自体は間違っていませんが、組織は個人が活躍するための環境、システムをきちんと提供する義務があります。

また、第一次世界大戦で日本陸軍はヨーロッパに兵を派遣せず、そのために「体感」としての火力を経験できませんでした。これが軍の装備、編制にも影響を与えます。

日露戦争は失敗の〝種〟を多く気づかせてくれましたが、それが第一次世界大戦で正しく修正されることがなかったために、失敗の〝種〟は芽吹いてしまいました。そして第二次世界大戦での敗北につながっていきます。
(3)限られた範囲での勝利では、長宗我部元親が中央の情報を得てもなお、四国での勝利を過信して秀吉と戦い敗れた様子について触れました。私たちはいつでも、自分がいまいる環境を井戸と見なして、「井の中の蛙」にならないよう注意する必要があるでしょう。
(4)は、これがあれば大丈夫、という勝利への誤った確信についてでした。フランスのマジノ要塞、日本の戦艦「大和」、豊臣氏の大坂城。マジノ線は、それを迂回して侵攻したドイツに敗れ、戦艦「大和」は本来の対艦ではなく対空戦で沈められ、大坂城は堀の埋め立てと人の不和によって落城します。

およそ人がつくったもので完璧なものなど存在しません。完璧だと思えるのはそれを有効に運用している場合であって、時代や環境に合わなかったり、目標を見失えば、いとも簡単に〝完璧〟は崩されます。

このように、勝利すること、十分な準備をすること、完璧なモノをつくることの裏側には、いつも「油断」「慢心」が潜んでいることを忘れてはなりません。

第五講

対外関係

（1）他者を利用したたかさと愚かさ

今回は他人を利用すること、他人に利用されることの失敗、そして人を裏切ることが、最終的に自分の失敗につながることをお話ししてみたいと思います。

政治基盤のない足利義昭の不思議

足利義昭という人物は一般にあまり評価の高い人物ではありません。しかし、実はひじょうに特異な政治家で、注目に値します。

その理由はなんといっても、政治基盤が弱いにもかかわらず、一時期とはいえ日本中をかき回し、織田信長はじめ実力派の戦国大名を手玉にとったからです。

指導者は普通、何らかの背景を持っているものです。背景は、「支える勢力」と言い換えていいでしょう。

滅ぼされて勢力を失った豪族や大名は「領地」「家臣」という背景を失うわけですから、再び盛り返すのは容易なことではありません。

一時期逃亡生活を強いられても、復帰して旧領よりも大きくなった毛利元就や宇喜多直家は例外的と言えましょう。

その例外の中に、足利義昭はいます。

室町幕府は、一三代将軍・足利義輝《よしてる》が暗殺された事件に象徴されるように、すでに政治基盤は脆弱になっていました。

足利将軍は、他の人間にとっては利用するだけの存在でしかなく、義輝のあとを継いだ十四代将軍・足利義栄《よしひで》は、義輝を殺した三好三人衆らの傀儡《かいらい》として将軍になります。

義栄のあとに将軍となった足利義昭も、織田信長の後援で将軍になったのですから、本来であれば足利義昭は信長の傀儡で終わるはずの人物でした。

なぜなら、義昭には政治的な基盤がほとんどなかったからです。

「足利将軍家」というポンコツを外装だけピカピカにして京都までレッカー移動

義昭は足利十二代将軍義晴の次男でしたから、跡継ぎではないので六歳で奈良の興福寺一乗院に入り、「覚慶」と名乗りました。ところが、永禄八年（一五六五）に兄である一三代将軍・義輝が暗殺され、義昭にも危険が迫ったので、義輝の家臣だった細川藤孝らによって救い出されました。時に義昭は二九歳。

その後三年ほど、各地の大名を頼って流浪します。

最初は近江の和田惟政《これまさ》。続いて六角義賢《よしかた》の庇護下に。

さらに若狭の武田義統《よしずみ》のもとに向かったものの、内紛で受け入れられず、越前・朝倉義景を頼って行きます。この頃、義昭は明智光秀と出会っています。

朝倉義景には上洛の意思はなかったので失望しますが、流浪三年目の永禄一一年（一五六八）九月、足利義昭は織田信長によって上洛を果たすことができました。

よく、「彼は将軍家の跡取りだから信長が利用した。義昭にはそういう背景がちゃんとある」と指摘されることがあります。しかし、上洛前の義昭に実際、どれほどの背景があったというのでしょうか。

実態は、「足利将軍家」という、名車だけれど年代物の、エンジンもかからないポンコツを、外装だけはピカピカにして京都までレッカー移動させたのが信長です。

信長には車（足利将軍家）を動く状態にさせる意図はなく、義昭はしかし車は動くものと勘違いします。

ピカピカの車に乗った義昭はドン・キホーテよろしく、動かないピカピカの車から全国の大名に命令を出したりします。

信長は、「勝手に命令なんか出すな」と怒り、義昭の行動を制限し始めます。義昭は最初は信長のことを手紙で「御父、織田弾正忠殿」とまで書いていましたが、どうすれば信長をやっつけられるのか、という方向にどんどん転換していきます。

大名が連携する大義名分になった足利義昭

足利義昭は、反・信長勢力の中心人物になります。

どうしてそこまでやれたのか。

信長は義昭を利用して上洛し、全国制覇のための大義名分と、他の大名との仲介に義昭を利用します。逆に義昭は、信長に利用されることで将軍家の権威を回復するわけです。

信長に使ってもらうことで、将軍家の権威は高まった。

その高まった権威を、反・信長勢力結集に役立てたのです。

元亀三年（一五七二）一〇月。

武田信玄が上洛の軍勢を挙げます。

越後の上杉、北陸の朝倉、北近江の浅井、近江の六角、京阪・阿波の三好、大和の松永、中国の毛利、甲斐・信濃・上野・駿河の武田。さらに加えて伊勢長島の一向宗や本願寺といった寺社勢力。これらが信長殲滅で一致し、行動を開始します。

その中心に、足利義昭がいました。

かつて放浪し無力であった義昭の姿はそこになく、「反・信長」の大義名分として、義昭が存在したのです。

たとえ共通の敵がいても、すんなり同盟が成立する時代ではありません。戦国大名は互いに互いを牽制しているのですから。

しかしそこに義昭が征夷大将軍として各大名に呼びかけたのです。これに応じることは、呼びかけられる大名側にとっても好都合でした。

信長と対抗するには、集団安全保障しかない。

だが、交渉がない遠国の大名や仲の良くない大名と連携するには大義名分が必要で、足利義昭の存在はうってつけであったわけです。

なぜ信長を自分の政治的な背景にしていた義昭が、信長に対抗できたのか。

そもそも自分の政治的背景と反目したら、自分の勢力を維持できなくなるのが普通です。例えば大きな業界団体や労働組合から支援を受けていた議員が、その支援団体と真っ向から対立したら、普通は政治力を失っていきます。

ところが義昭は、そうはなりませんでした。

なぜなら、信長を利用して高めた権威で、〝張り子の虎〟から現実の権威へと徐々に移っていったからです。つまり自前の「政治的基盤」を持ったのです。

「他人のふんどし」で成長し「他人のふんどし」で戦う

織田信長に対する包囲網というのは、前後三回ほど行われました。

特にこの、元亀三年（一五七二）秋の武田信玄の西上は、信長には相当な危機感を、足利義昭には強烈な期待感を抱かせました。

一二月の三方原の戦いでは、徳川家康と信長の援軍に武田軍が圧勝し、これを受けて足利義昭は元亀四年（一五七三）一月に挙兵します。途中講和や再戦などがあり、けっきょく同年七月に義昭は槇島城での敗戦で追放され、毛利氏の庇護下に入ります。

この敗戦の背景には、朝倉義景が勝手に兵を引いたり、武田信玄が西上途中で急逝するなど、予想外の事態が頻発したわけですが、自身の強大な勢力を持たない義昭の弱点が露呈した形になりました。

すなわち、攻勢に出ているときは周囲が御輿として義昭を担ぐので義昭が中心軸になれるのですが、敗勢になると御輿の担ぎ手はもともとほとんどが義昭の家臣ではないので、すぐに裸同然の姿で放置されるわけです。

義昭には突出した才能があるわけではありませんでしたが、執念深さ、将軍職に対する執着と将軍としての仕事の執行に精力的に取り組んだことは間違いありません。謀略家としても特筆に値するほどの活躍を見せています。

しかし、征夷大将軍の地位にありながら人望が薄く、自分直轄の勢力を増やすことはできませんでした。逆に、細川藤孝のように義昭の命を救い、浪々の身になっても離れなかった者が義昭に見切りをつけるなど、義昭を直接知る者たちからの支持は減っていきます。

結果として、織田信長にせよ反・信長勢力にせよ、義昭個人を本気で支えようとした者は少数にとどまり、権力の終焉を迎えるわけです。

信長という「他人のふんどし」で成長し、反・信長というこれまた「他人のふんどし」で戦う義昭には、無条件で自分を支持し自分を支えてくれる家臣団の養成が必要でした。

それをやらなかったから敗北したのですが、言い方を変えれば、それが出来なかったから外面を繕い謀略を激しく行って、自身の「将軍であるぞ」という示威をしたということでしょう。

六歳から二九歳まで僧であったため、世間とは隔絶した中にあり、諸大名との政治交流もほとんどなく政治体験もなかったことが、あるいは影響していたのかもしれません。

成長段階では誰でも、他者の助けを借りるものです。しかしいずれは自前の「基盤」を持たねばなりません。義昭の生きざまは、それをよく示しています。

世界を巻き込む蒋介石

足利義昭よりももっと露骨に他人を利用し、他人から利用された一例として、近代中国の蒋介石を挙げることができます。

蒋介石は日本の戦前にあたる時期に、中国を不完全ながら統一し、戦後は中国共産党の毛沢東との内戦に敗れて台湾に逃げた人物です。

満州事変以来、日本は中国の蒋介石と戦い続けます。その蒋介石は若い頃、日本の東京振武学校（清国から陸軍士官学校などに入学するための準備学校）に入り、新潟の第十三師団に配属されるなどして約五年間、日本に滞在しています。

彼は終生日本に複雑な思いを抱いていましたが、少なくとも日本の陸軍での経験が中国で彼が行う軍人養成の原型になったことは間違いありません。

いずれにしても、日本の実力をよく知る蒋介石は日本と戦いながら、中国単独で日本に勝てるわけがない、ということを認識していました。世界を巻き込まなければ勝てない……。

それは例えば、黄河の堤防を決壊させて、日本軍の進軍を阻んだ作戦にも表れています。

数十万の自国民が溺死し、多くの農民が家と田畑を失いましたが、「一般人民を被災させ、被害を拡大化することによって国際的な関心を集めるという戦術」（家近亮子『蒋介石の外交戦略と日中戦争』）でもあったのです。

「国際的な関心」とは、日本に勝つために大国を利用することです。

当時の蒋介石の選択肢としては、まずソ連がありました。

ソ連は孫文の時代から、中国国民党とは深い交流がありました。蒋介石の息子・蒋経国もソ連に留学しています。しかし基本的に蒋介石は反共産主義者であり、またソ連は外蒙古に対する領土的野心を隠そうとしていませんでしたから、これは除外するしかありません。

イギリスも、香港などを支配し手放す素振りも見せていませんから、これも好ましくない。

残ったのが、すでに超大国の仲間入りを果たしていたアメリカでした。

アメリカを利用しアメリカに呆れられた蔣介石

都合の良いことに、アメリカ大統領はフランクリン・ルーズベルトでした。ルーズベルトの母方の家系は中国貿易で財を成しており、香港に邸宅を持っていた時期もあったほどです。

ルーズベルトは民主党の中でもリベラル色の強い政治家で、中国に対する同情心もありました。そこに、蔣介石の義兄にあたる宋子文らが毎日、ホワイトハウスのルーズベルトのもとを訪れ、政治工作を行ったのです。

結果、アメリカは一九三九年一一月に中立法の改正を行い、二五〇〇万ドルの借款を蔣介石に渡すのを皮切りに、次々と支援を拡大していきます。

もちろん、アメリカ側にも利点はありました。

日本と開戦したあと、アメリカはヨーロッパにも兵力を派遣しなければならず、当初アジアに手を広げることが難しかったのです。

蒋介石を支援することで日本を牽制できる、これならいける、ということでした。しかし蒋介石側の得た利益の方が、圧倒的に大きかったでしょう。

日本軍と戦えば必ず負けていた蒋介石とすれば、圧倒的な戦力を持つアメリカの助力は、対日戦の勝利を約束してくれるものでした。

ところが。

蒋介石はアメリカから援助を受けてめでたしめでたし、だったのですが、当のアメリカは徐々に、蒋介石支援に疑問を抱き始めます。

特に蒋介石率いる国民政府軍の腐敗や不服従がひどく、アメリカから派遣されていたジョゼフ・スティルウェル中将は怒り心頭。

国民政府軍の総司令官である蒋介石に対して、「小男のでくの坊」（ジョゼフ・スティルウェル著・石堂清倫訳『中国日記』）とまで罵っています。

スティルウェルは決して偏屈な人間ではありませんでしたが、軍人らしく率直さを好んでいたため、政治的に動く蒋介石や、スティルウェルの命令を平気で拒否する国民政府軍に対して我慢がならなかったようです。

逆に蒋介石はスティルウェルに対し、「スティルウェルのように愚劣で頑固で、卑しい男は、世界中でも珍しい」（蒋介石『蒋介石秘録』）と罵り返していますが、実際に国民政府軍はスティルウェルの命令に従わないこともあり、スティルウェルは軍事作戦を展開する上でかなり苦労をしたようです。

ちなみに、国民政府軍がスティルウェルの命令に従わなかった理由の一つは、戦後を見据えてのこと、だったようです。

アメリカが対日戦で勝利したあと、中国は国民政府（国民党）と共産党との戦いになる。そのときまで国民政府軍を温存しておきたい、という思惑です。

これでは、スティルウェルが怒るのも当たり前ですね。

国民の心が離れていく

そんなことがあっても、アメリカは蒋介石を手放せませんでした。開戦からしばらくは、日本本土への攻撃には中国大陸を利用するしか方法がなかったからです。

結局スティルウェルは解任されますが、アメリカが抱いた印象は良くないですね。

アメリカが終戦までに蒋介石に与えた援助は、当時のお金で一五億ドル。現在の価値に直せば数兆円規模にのぼったと考えられます。

一九四三年一一月には、戦後処理を話し合うカイロ会談にわざわざ蒋介石を参加させるという大きな贈り物までします。これは、「米・英・ソ」に加え、蒋介石の中国が戦後の世界を代表する四大国の一つだ、というメッセージでもありました。

一九四五年の対日戦終結後、アメリカは蒋介石に対する支援を続けるかどうか、検討しました。

アメリカにはもはや、全面的に蒋介石を支援し続ける財政的余裕はありませんでした。

蒋介石としては、毛沢東の中国共産党を駆逐《くちく》して自らが中国大陸の支配者になることを望みます。しかしアメリカは、「できれば共産党と戦わず、共産党と一緒に中国を統治してはどうか」と勧めます。蒋介石を中心にした連合政権、ということですね。

一応、蒋介石も毛沢東も話し合いの席には着きますが、終戦の翌年（一九四六年）には国共内戦が始まり、一九四九年、蒋介石は台湾に逃れ、大陸では毛沢東が中華人民共和国の建国を宣言しました。

なぜアメリカは蒋介石への支援を続けなかったのでしょうか。

財政的な余裕がなかったことと同時に、蒋介石政権内部の腐敗などが、行政官やマスメディアによってアメリカ国内に直接・間接に伝わり、

「毛沢東の方が蒋介石よりマシ」

という世論が形成されていくのです。

ここには、中国共産党に対する意図的に美化された報告も含まれていますが、蒋介石の指導部から国民政府軍の末端に至るまで、腐敗・汚職が蔓延していたことはまぎれもない事実です。

圧倒的な兵力の差がありながら共産党軍が燎原《りょうげん》の火のごとく勝利を重ねて行く理由の一つに、「徴発はしない」ということがあります。途中で物資が足りなくなったら村や町で略奪を行うのではなく、きちんと金銭を支払う、ということを共産党軍は徹底しました。

国民政府軍が略奪をほしいままにしていたのとは対照的です。

もちろん共産党軍にとっては勝利のための戦術にすぎず、政権を握ってから「大躍進政策」で滅茶苦茶な略奪を行ったことは、すでに触れました。

しかし共産党の本質を知らない国民は、蒋介石にはない公平性や規律の正しさを大いに評価し、国民政府軍への反発が共産党軍への積極的支持に変化していくのです。

一般の国民だけではなく、国民政府軍の中でも共産党に寝返る軍人が後を絶たず、ついには軍団がまるごと共産党に寝返ることもありました。

〝支援慣れ〟が失敗を招いた

なぜ蒋介石は失敗したのか。

私は、〝支援慣れ〟が蒋介石を失敗に追いやったと考えています。

蒋介石軍、あるいは蒋介石が率いる政権は、アメリカからの膨大な支援を受けていました。

ということは。

支援を受けている間は、現状を維持してさえいれば、生き残れるわけです。

仮に、蒋介石へのアメリカの支援がなかったと考えてみましょう。

軍や政権に不正や腐敗が蔓延したまま放置すれば、蒋介石は財政的にも立ちゆかず、国民からの支持も失ったでしょう。

それではまずいから、軍の再編、将校の再教育を行い、腐敗をなくしていったのではないでしょうか。

「部隊温存」ではなく、積極的に戦い続けることで士気を高め、精強さを磨いたでしょう。アメリカの支援がない状態で逃げ回っていたら、それは敗北を意味するからです。

あるいは食糧確保のためにも農村対策をしっかりやったでしょうし、国民政府の支持基盤である中小商工業者のことを思えば、確実にインフレが起こる内戦は行わなかったかもしれません。

支援があったからこそ、蒋介石は対日戦に勝利しました。

しかし、支援があったからこそ、自己改革、組織改革は進まず、国民生活のための政策もおろそかになり、いつしか国民から見放される存在になってしまったのです。

徳川を利用し徳川に利用され

他者を利用し利用され、気づかないうちに追い詰められるケースとして、今度は戦国武将の福島正則を挙げます。

福島正則はご存じのとおり、「賤ヶ岳の七本槍」で有名な豊臣秀吉の家臣で、秀吉の親戚であったとも言われています。

〝荒くれ大名〟のイメージもありますが、広島はじめ彼の領地では、農村振興や治水、商業都市開発などを行い、行政手腕もかなりあったようです。

また、キリスト教にも理解を示して宣教師に土地や屋敷を寄進し、慶長一八年（一六一三）に徳川幕府が禁教令を出したあとも、宣教師が暴力的に迫害されることを禁じて、長崎に送ってもいます。

腕っ節は強かったのですが恐妻家でもあり、人間味あふれる正則。その正則が歴史の中で悲劇の役回りを演じます。

正則は豊臣秀吉が死去したあと、徳川家康陣営の一員となって政敵・石田三成を排除し、広島で四九万八〇〇〇石を領します。

ところが徳川によって豊臣家が攻撃を受けている間、江戸に軟禁され、豊臣家消滅後は掃き捨てられるように所領を十分の一に減らされて信州に転封。

福島家は正則死去後に、取り潰されてしまいます。

正則は徳川を利用し、徳川も正則を利用し、最後に捨てられる。

その経緯を見ながら正則はどこで失敗したのか、一緒に考えてみましょう。

中央から離された「武断派」

福島正則は、いわゆる「武断派」と呼ばれる派閥に属していました。といっても、いま申し上げたように正則は決して槍一本で出世した大名ではなく、一人の指導者として魅力的な人物でした。

武断派、というのは、豊臣政権の中で行政の職につけなかった、いまふうに言えば「大臣になれなかった有力者」というくくりで見るとわかりやすいかもしれません。

戦国時代も落ち着いて政治制度が固まってくると、政治権力は単純に石高（収入）だけでは測れなくなりました。どんなに所領が大きくても、天下の政治に関われなければ権力は大きいとは言えないからです。

政権の中枢にいれば、他の格上の大名に対してですら、「こうしなさい」と命令を発することができます。それは政権を代弁しているからにほかなりません。

豊臣政権下で福島正則たち武断派は、政権中枢に入ることはありませんでした。五奉行の一人で政権実力者であった石田三成と同じように、秀吉に若い頃から臣従し、豊臣の「譜代大名」であるにもかかわらず、です。

三成ら五奉行は政策決定をし、正則たちはその決定に従って使われる。正則たちが三成の権力を奪いたい衝動にかられるのは、当然のことでした。

ちなみに武断派の大名たちは所領も、加藤清正は肥後（熊本）、黒田長政は豊後（大分）、加藤嘉明は伊予（愛媛）と、中央から離されました。その中で福島正則が秀吉の出身地でもあり中央にも近い尾張を領したことは、正則が豊臣家にとってひじょうに重要な存在であったことがうかがわれます。

尾張は軍事的に言えば、関東方面から徳川が攻め上ってきた際、京・大坂に抜けるためには避けて通れない要衝でもありました。

ちなみに五奉行の配置は、石田三成と長束正家が近江、増田長盛は大和、前田玄以《げんい》は播磨で、みな大坂に近接しています。浅野長政のみが甲斐でしたが、その意図は秀吉の縁者でもあった長政ゆえに対・徳川を意識したものだったと考えられます。

互いに利用価値が高かった福島正則と徳川家康

慶長五年（一六〇〇）、関ヶ原合戦が勃発します。

まず上杉景勝が、会津で陽動作戦として兵を挙げます。

これを鎮圧するため、名目上は「豊臣秀頼の名代として徳川家康が征伐に行く」ということで、家康は豊臣家子飼いの大名たちをおおぜい連れて会津に向かいます。

福島正則もその中の一人でした。

そして上杉領を目前にして、中央で石田三成が挙兵したとの連絡を受けます。

ここで有名な「小山評定」が開かれます。現在の栃木県小山市でのことです。

徳川家康は、福島正則ら豊臣系大名が多く列席する評定の冒頭、次のような発言をします。

「石田三成が挙兵した。諸将は、三成に取られた人質がご心配であろう。弓矢をとる者の習いとして、今日の味方が明日は敵にもなる。だから御一同が敵方になったとしても（三成に味方しても）、この家康はまったく恨みはしない。そして家康が勝って再びお目にかかれたならば、決していままでのよしみは忘れない。一刻も早く、大坂に帰られるがよい」

まあ、よくも言ったものだなと思いますが、この「どうぞあなたの判断でご自由に」には、理由があります。

もし家康側から「三成を討つために、一緒に戦おう」と呼びかければ、それは家康からの「お願い」になります。お願いしたのですから、家康は彼らの上には立てない。いわば「同盟」のような形ですね。

仮に戦いに勝っても、のちのち支配権について争う種を残すわけです。

それを、豊臣系の大名たちが自ら進んで味方してくれるというなら、名目上はどうあれ、徳川の下で働くことになります。

家康の「ご自由に」発言のあと、多くの大名が沈黙します。

その沈黙を破ったのは、福島正則でした。

「三成が天下をわが手に収めようとしていることは疑いない。他の方はどうか知らぬが、この正則は関東（家康）にお味方し三成を討つ」（岡谷繁実『名将言行録』）

前夜に黒田長政が正則を説得した、という説もありますが、福島正則の性格からいって、これは本人が自発的に発言したものと見てもいいでしょう。

この発言で、豊臣系大名はなだれを打って家康に味方します。

三成に政治的な主導権を握られ続けていた福島正則にしてみれば、いまが主導権を奪い返す機会です。

それには、家康を利用するのが一番手っ取り早い。

家康としても、どっちに転ぶかわからない豊臣系の大名の中で、秀吉の縁者で豊臣家への思いが強い福島正則が味方につくことは、対・石田三成戦を有利に進める絶好の材料になりました。

福島正則は、石田三成排除のために徳川を利用する。

徳川家康は、豊臣系大名を味方にするために正則を利用する。互いに利用価値が高かったため、この関係はしばらく続くことになります。

福島正則の無理が通る

岐阜城落城後、西軍（石田三成方）に与《くみ》した織田秀信の処遇が問題になりました。織田秀信とは、織田信忠の長男、つまり織田信長の直系の孫です。生かすべきか、殺すべきか。

正則は、「織田信長公の恩を受けた大名も多かろう。自分は秀信に味方する者ではないが、命は助けるべきではないか」と諸将に説きます。そして、「それがもし家康公の御怒りに触れるのならば、これまでの功績と引き換えにして（自分が責めを負って）もよい。これは福島正則個人の責任である」（『改正三河後風土記』）と述べました。

家康は、秀信助命を認めました。

さらに、関ヶ原合戦が終わった直後のこと。

福島正則の家臣・佐久間加左衛門が、京の三条大橋を渡って主君・正則の用事を果たそうとします。ところが、橋を守っていた井伊直政の家臣・伊奈図書《いなずしょ》の雑兵たちがこれを通さず、あろうことか加左衛門を棒で小突くなどして追い返しました。

加左衛門はこれを主君・福島正則に対する恥辱と考え、「主命を果たせず、面目が立ちません。自分は切腹したい」と申し出ます。

正則は、「よし切腹せよ。だが、お前の汚辱は必ず雪《そそ》いでやる」と約しました。

正則は、佐久間加左衛門の生首を井伊直政に送り届け、直政配下であった伊奈図書の「首をよこせ」と談判します。こまった直政は徳川家康に相談し、家康は「関わった雑兵たち全員の首を討って与えよ」、それで勘弁してもらえ、ということになったのですが、正則は頑として聞き入れません。

仕方なく、井伊直政は伊奈図書に腹を切らせます。

これももちろん、家康の許可がなければできないことですが、家康はそこまでしても福島正則の力、存在を必要としていたのです。

政治の〝貸借対照表〟

しかし政治の〝貸借対照表〟は、やがて正則の借り入れ超過になっていきます。

自分の勢力が大きくなればなるほど、政治の借りは小さくなり、逆に、貸しは大きくなっていく。家康は、必要な場合には巨額の借金（借り）をしてでも局面を打開し、それによって勢力を増して、勢力が拡大することによって借金（借り）を相対的に小さくする術に長けていました。

福島正則の場合で言えば、まず正則からの多少の無茶は聞き、優遇し、それによって正則と同根の豊臣系大名をまとめ、石田三成を排除する。豊臣家の二大勢力のうち三成系を討ち果たせば、豊臣の政治力は純粋に半減します。半減した政治力を背景にする豊臣系大名・福島正則への借りは相対的に小さくなります。

さらに、秀吉から直接可愛いがられた大名の死や、豊臣系大名の徳川への寝返り、そして幕府創設で形の上では全大名が徳川の支配下に入ったことなどが重なって、福島正則の利用価値がどんどん下がっていきます。

その大きな転機になったのが、慶長一六年（一六一一）の「二条城の会見」です。豊臣秀頼と徳川家康が京の二条城で会見しただけの話ですが、これには強烈な政治的メッセージが込められていました。

会談の行われた二条城は、徳川の持ち城です。つまり、豊臣が徳川に挨拶をしに足を運ぶ。

豊臣家側では、福島正則や加藤清正、浅野幸長といった豊臣系大名たちがほぼ一致して、「秀頼が家康、もしくは秀忠に会いに行くべき」と希望していました。が、淀殿は一貫してこれに反対していましたから、豊臣家としては二条城へ「イヤイヤ行かされた」というのが正直なところでしょう。

しかし他の大名たちの見方は違います。

ついに豊臣家が徳川に膝を屈した、と見るのです。

会見には加藤清正が同席し、何かあれば家康と刺し違える覚悟であったと言われています。また福島正則は大坂城にあって、もし何事か起これば、ただちに軍勢を率いて京に向かう準備をしていました。

その心意気は見事です。

しかし政治的に見れば、かつて徳川家康を利用していた福島正則は、このときすでに徳川に利用されて会見を進めた一大名に成り下がっていたと見るべきでしょう。

大国を頼った者の哀れな末路

その後、福島正則は大坂冬の陣、夏の陣いずれにも参加が許されず、江戸で軟禁状態に置かれ、戦闘で大坂方が勝った報告が入るたびに踊るように喜んだと伝えられています。

しかし、淀殿や豊臣秀頼の助命も叶わず、大坂落城後やっと広島に帰ることが許されました。

ここからのことは、大国を頼った者の末路としてあまりにも哀れです。台風によって損害を受けた広島城の補修を、幕府の許可なく行ったことを難詰された正則は広島を取り上げられ、元和五年（一六一九）六月、信濃・川中島等の四万五〇〇〇石へ転封に。

寛永元年（一六二四）に正則が死去すると、幕府からの検死役到着前に火葬したためこれを咎められ、ついに取り潰されます（その後、旗本として家名は存続）。

徳川を利用していたつもりが、自分など徳川にとって必要がなくなってしまい、最後は絵に描いたように潰されていきます。

人も組織も成長の過程で、何者かを頼り、利用し、利用されることによって自分も大きくなる、それが世の中の仕組みです。自分だけの力で大きくなった人や組織など存在しません。

しかし、何かを成し遂げるために力を借りたり利用する場合、状況が変われば、いつでも捨てられるということを自覚しなければなりません。

（2） 信頼を裏切ることの稚拙さ

人格高潔で老獪さがない汪兆銘

最後に見ていきたいのは、相手を信用したために失敗した例です。

汪兆銘《おうちょうめい》という人物がいます。

戦前の中国の政治家で、彼ほど純粋に国民を思い、たとえ自分がなんと言われようとも国を救いたいと願った人は、そうはいないでしょう。

あまり汪兆銘をご存じない方のために、少しだけご説明します。

汪兆銘は、広東省出身の政治家です。

一八歳で科挙、いまの日本で言うと、国家公務員のキャリア官僚になるための試験に合格しています。超難関といわれ、のちに孫文と対立し独裁政権をつくる袁世凱《えんせいがい》などは二度も挑戦して二度とも不合格でした。

そんな秀才の汪兆銘ですが、孫文の革命に共鳴して清王朝の要人暗殺をもくろみ、失敗して死刑判決を受けます。しかし、その才能を惜しんだ清王朝の政権幹部から命を救われます。

その後、大赦によって出獄した汪兆銘は孫文と行動を共にして、主に言論や思想にその才能を発揮し、ついには国民党の最高幹部になります。

ちなみに孫文の遺書は汪兆銘が起草し、国民党幹部の中で一番初めにその遺書に署名をしたのも汪兆銘でした。

孫文亡き後は、蔣介石と対立するようになります。「勝利のためならば国民の命も、国民の生活も、何でも犠牲にする」という蔣介石の政策に異を唱えます。

汪兆銘は基本的には言論の人であり、人格高潔で、蔣介石のような老獪さがありませんでした。そのため、軍や財閥を基盤にする蔣介石に対して次第に劣勢となり、汪兆銘は日中和平を推進する立場から、蔣介石と袂《たもと》を分かって日本と和することにします。

一九三八年一二月、それまで重慶にいた汪兆銘は、蔣介石の影響下から離れるためにハノイに脱出しました。

蔣介石は汪兆銘の離脱に怒り、なんと暗殺団をハノイに送り込んで襲撃しますが、間一髪のところで汪兆銘は難を逃れます（一緒にいた秘書の曾仲鳴が殺されました）。
そしてその後、日本の支配下にあった南京を首都としてあらたな政権をつくりました。

国際信義にもとる近衛文麿

さて、汪兆銘は最終的に日本の支配地域に政権をつくり、日中和平を実現しようとします。そのために、日本と事前に交渉を行いました。第二講で少し触れましたが、詳しく見ていきましょう。

当時日本は、対中和平を模索していました。

蔣介石とは何度も交渉していたのですが、埒《らち》があきません。

そこで首相だった近衛文麿は、「もう蔣介石とは交渉しない」と声明を出し、その後も次のような時期と順番で、汪兆銘を誘います。

昭和一三年　一月　第一次近衛声明　「爾後、国民政府を対手とせず」
同　　　　　一一月　第二次近衛声明　「蔣介石以外となら話をしてもいい」

同　同月「日華協議記録」日本軍撤兵約束（「二年以内に撤兵」）
同　一二月　汪兆銘、新政権をつくるために重慶を脱出（暗殺団に襲われる）
同　同月「第三次近衛声明」。〝撤兵〟の二文字はどこにもなし
昭和一四年　一月　近衛文麿、内閣総辞職

蒋介石はあてにならない、それなら汪兆銘はどうか、ということで交渉が重ねられ、汪兆銘も応じます。ここで大事なのは、昭和一三年（一九三八）一一月の「日華協議記録」です。

ここでは、「治安回復に伴い二年以内に日本軍は中国から撤兵」、という、きわめて重大な協議を成立させています。

中国から日本軍を撤兵させることができれば、汪兆銘の日中和平は中国国内で大きな支持を得て、間違いなく実現する。

汪兆銘自身はこの和平工作を確信して、ついに昭和一三年一二月一八日、新政権をつくるために重慶を脱出します。

ところが。

なんと、汪兆銘が決死の覚悟で重慶を脱出した（実際、蒋介石の暗殺団に襲撃される）

にもかかわらず、日本は取り決めしていた「中国からの日本軍撤兵」を反故《ほご》にしました。

汪兆銘が重慶を脱出した四日後の「第三次近衛声明」には、〝撤兵〟の二文字はどこにもなかったのです。

日中和平を実現したいから蒋介石に匹敵する大物政治家・汪兆銘を、「日本軍は二年で撤兵する」と約束して誘い出しておきながら、実際に汪兆銘がやってきたら「撤兵」を条件から外したのです。

汪兆銘政権に協力しようとしていた多くの人々が、「そんな内容では、とても協力できない」と参加を見合わせ、汪兆銘のもとに馳せ参じたのは当初予定していたよりもはるかに少ない規模になってしまいました。

しかも汪兆銘を引っ張り出した近衛文麿は、他の事情もありましたが、この無責任で非情な第三次近衛声明を出してわずか二週間後に、首相を辞任。自分だけさっさと政権を放り投げ、政治の表舞台から逃げました。

当時、汪兆銘引き出しに動いていた陸軍の影佐《かげさ》禎昭《さだあき》（のち陸軍中将）は、「近衛も怪しからんやっちゃな。汪さんのような中国の元老を河内（ハノイ）まで引き出しておいて、自分はさっさと辞めるとは。――国際信義も何もあったもんじゃないな」

と述べています（犬養健『揚子江は今も流れている』）。

陸軍の本音を代弁した愚将

私は、なんでもかんでも戦前の日本は悪い、などという立場には立ちません。だからこそ、汪兆銘への日本の対応が残念でならないのです。

私はこれから汪兆銘の失敗について、「日本を信じすぎたから失敗した」という結論を述べなければなりませんが、実は「汪兆銘工作で最も大きな失敗を犯したのは日本だ」ということを述べておきたいのです。

歴史に「Ｉｆ」はありません。ありませんが、それでも考えてしまうのは、「もしあのとき〝日本軍の撤兵〟を約束どおり条件に入れて汪兆銘を引き出していたら」と。そうなれば、汪兆銘政権のもとに多くの参加者が集い、日本への対抗姿勢をあらわにし始めていた蒋介石には大きな打撃であり、日中の全面和平が実現していたかもしれません。

その結果、のちの日米開戦もまったく違った形に、あるいは開戦をしないで済んだかもしれない。想像は尽きません。

しかし現実は、ひどいものでした。

汪兆銘が重慶脱出後、いよいよ政権をつくるために日本と話し合った「日華新関係調整要綱」での日本側試案は、

「忌憚なく言って、帝国主義的構想を露骨に暴露した要求と言う外ない代物であった」（今井武夫『日中和平工作』）

と、その中身がひどかったことを交渉関係者であった今井武夫陸軍中佐は述べています。

具体的には、日本の事実上の支配下にあった蒙彊《もうきょう》政権の支配区域を拡張したり、鉄道の経営権を日本に委託させようとしたり、海軍からは海南島に海軍権益を設定したいと協議してくるなど、汪兆銘側と最初に約束した「日華協議記録」とは本当にかけ離れたものだったのです。

あまりのひどさに今井中佐は影佐禎昭（当時少将）と共に陸軍中央に反省を促すのですが、参謀本部作戦部長であった冨永恭次少将は断固これを拒否しました。そして、日本軍の駐兵区域を拡大要求して撤兵を遅らせるなど、あの「第三次近衛声明」よりもさらに大きく後退するものになっていくのです。

私は、冨永個人を責めるつもりはありません。たしかに冨永は、のちにフィリピンで「自分も最後の一機で突入する！」と演説をぶって特攻隊を送り出したのに、戦況が不利になると自分だけ戦線離脱をするような人物でした。

しかし、彼は陸軍の本音を代弁していたにすぎないのです。私はここに、「日本の失敗」を感じざるを得ません。

アドルフ・アイヒマンと日本陸軍

蒋介石が駄目だから「蒋介石以外」を求めて近衛は声明を出し、汪兆銘を担ぎ出したのに、撤兵の条件をなくしたことで汪兆銘の勢力が小さくなってしまった。勢力が小さいから、どんどん要求をエスカレートさせていって「日本の傀儡」にしてしまう。いったい、汪兆銘政権を日本の傀儡政権にすることのどこが、日本の国益と合致するというのでしょうか。

撤兵を遅らせる、なるべく中国から権益を多く獲る、というのは、陸軍の利益であって大きな意味での日本の国益には叶っていません。

なぜそんなことをしたのかといえば、そういう主張をした陸軍の軍人たちが、真の指導者ではなかったからです。

もっと言えば、悪しき官僚、とも表現できます。

与えられた任務、自分の部署だけの利益、その獲得に狂奔することで評価が高まり出世する。そういう仕組みができていれば、視野の狭い人間は必ずそれに応えようとします。

アドルフ・アイヒマンというナチスドイツ親衛隊の中佐は、戦後逃亡してアルゼンチンで捕まり、イスラエルで裁判を受けました。彼はアウシュビッツ収容所へのユダヤ人大量移送に関わったのですが、裁判では終始一貫、「自分は命令に従ったまでだ」と主張します。

アイヒマンは有能な男で、移送についてそれがより合理的に行われれば評価が上がると考えました。実際にもナチスドイツでは、まさにアイヒマンのような人物が出世していきます。

それが祖国ドイツを永遠の悪名にさらすことなど考えもせず、自分の目の前の利益を優先する。彼にとっては移送されるユダヤ人は「荷物」でしかなく、そこに良心の痛みは生じませんでした。

翻って汪兆銘工作のときに、軍の利益のみを声高に主張した人々にとっては、目前の利益を奪い取って周囲から評価され出世をすることが主眼になっていて、日本を信頼した汪兆銘とその一派がどうなろうと、そして後世に日本がどのように評価されるかなど、考えも及ばなかったことでしょう。

すなわち、汪兆銘の失敗は、日本の大失敗でもあったわけです。

台湾断交は国際信義に反しないのか

日本は戦後、時には史実をねじ曲げてまで戦前を否定し反省していますが、果たして汪兆銘工作に対する反省は生かされているのでしょうか。

戦後の日本は「対米従属」とも言われますが、大筋において日本外交はやたらと信頼を裏切るようなことはしてこなかった、と言えるかもしれません。

しかし、時には「どうだろうか？」と疑問を抱くこともあります。

一例が、台湾断交です。

蒋介石が戦後、台湾に逃げたことは記しました。

そして蒋介石は台湾を支配し、中国にいたときと同じく「中華民国」を名乗ります。

日本は、毛沢東の中華人民共和国（以下「中共」と略す）ではなく、蒋介石の中華民国（以下「民国」あるいは「台湾」と記す）とサンフランシスコ講和条約を結んだので、戦後は大陸の中共とではなく、台湾の民国と国交を持ちました。

昭和四七年（一九七二）。

田中角栄内閣は大陸の中共との国交樹立を目指しました。

中共は条件として、「台湾と断交しろ」と言ってきます。

中共の立場とすれば、台湾は内戦の相手ですから、そこと国交を持ったまま中共とも国交を結ぶなど、許せなかったわけです。

そこで田中角栄はすっぱり台湾を斬り捨てます。

ですが、ちょっと待ってほしいのです。

台湾は戦後、日本に対して何かひどいことをしたのでしょうか。台湾は日本に好戦的だったのでしょうか。台湾は日本に無理な要求を突きつけてきたのでしょうか。

いずれも「NO」です。

にもかかわらず、大陸の中共と国交を持つために、日本は台湾を捨てました。

当時政治家やマスコミは、「時がきた」「国際情勢から見て妥当」「国民世論が賛成」といった主張で日中国交樹立を推し進めます。

田中角栄は、当時の中共の人口は八億人であったことから、「手拭い一本ひとりひとりに渡しても八億本売れる」（水木揚『田中角栄』）と言っています。こういう発言からわかるように、目先の利益が本音の一部だったのではないでしょうか。

このあと中共は、例えば日中航空協定を結ぶ過程で、「台湾に成田空港は使わせるな（当時国際線はほとんどが成田空港を利用）」「中華航空（台湾の航空会社）のマーク（民国の国旗）は国旗ではないと言え」と日本に強要し、日本はそれに応えてしまいます。

これは、国際信義に反しないのでしょうか。

私は「中共と関係を持つべきではない」、と言っているのではありません。台湾に対して、できるかぎりの信義を尽くしたのか、と問いたいのです。

国交断絶直前、田中角栄は蔣介石へ次のような親書を書きます。

「日本と中共の国交が樹立すれば、日華（日本と民国）間の外交関係は維持できないことを了解してほしい。そして、蔣介石（民国政府）に異議がなければ、民間レベルによる貿易など経済の実務関係については可能な限り、これを維持したい」（概略）

外交関係は切れるが、経済はつながっていよう。友だちじゃないけど、金のやりとりはしよう。

こういう文書を受け取って、怒らない国民がいたとしたらそれは奇跡です。

しかし台湾は当時すでに貿易全体に占める日本の割合が二五％にのぼり、日本はアメリカに次いで第二位の貿易相手国となっていましたから、いかなる屈辱を受けようとも、経済関係を切ることができなかったのです。

信義なき外交がどんな結果をもたらしたのか

日中国交樹立のあと、民国（台湾）の使っていた大使館や関連する外交施設はすべて中共に所有移転させられました。

国交が台湾から中共に変わったから当然じゃないか、と思う人もいるかもしれませんが、アメリカは昭和五四年（一九七九）に中共と国交を通じた際、民国（台湾）名義の外交財産は、民国所有のままとしたのです。

小さなことかもしれない。

しかし、信義とは約束を守ることであると同時に、細やかな気配りであったり、相手を思いやる気持ちでもあるのではないでしょうか。

東日本大震災の折、世界各国の中で最も多額の義援金を日本に贈ってくれたのは、台湾でした。

いま、東シナ海、南シナ海で傍若無人に海洋侵略を進め、わが国の領土である尖閣諸島周辺では銃口を我々に向ける中共と、いったいどちらが真の友人であるのか。

もちろん、国際政治は感情とは違います。相手が気に入らないからといって戦うのは合理的ではないし、違いを強調するよりも共通の利益を見いだして互いに繁栄する方がいいにきまっています。

同時に、信義なき外交がどんな結果をもたらしたのか、私たちはこの点を、汪兆銘はじめ多くの歴史から学ぶべきだと考えます。

〈総　括〉

第五講は、「対外関係」の失敗についてお話ししました。

(1)として、他者を利用するしたたかさと愚かさについて触れました。

足利義昭は織田信長を利用し、信長に利用されながら権威を高め、信長に反抗して潰されます。成長段階では誰しも他者の助けを借りるものです。しかしいずれは自前の「基盤」を持たねばなりません。

次に、アメリカから利用されアメリカを利用した蒋介石。蒋介石は対日戦争ではアメリカを利用して成功しますが、アメリカの支援に頼りすぎて戦後は支援を受けられず、台湾に逃げます。支援に甘え、自己改革・組織改革が進まず、いつしか国民から見放されてしまったのです。

福島正則は、徳川家康を利用することで石田三成を排除しますが、政治の〝貸借対照表〟は、やがて正則の借り入れ超過になっていきました。けっきょく豊臣家の力をそぐ結果になった福島正則。豊臣家の力の低下は、福島正則の利用価値の低下につながり、豊臣家滅亡後は福島家の取り潰しにまで至ってしまいます。

大きな力を借りた場合、状況が変わればいつでも捨てられる。歴史はそういう冷徹な現実を教えてくれます。

(2) では、信頼を裏切ることがけっきょく裏切った側の失敗にもつながることをお話ししました。

戦前に中国で親日政権をつくった汪兆銘の場合は、日本がその信頼を裏切ったことで苦境に陥ります。

近衛文麿は汪兆銘を日中和平のためのパートナーとして手を結んだのに、いざ汪兆銘が政権をつくる段になって前提条件を変えてきました。

日本にとって汪兆銘政権を「値切る」ことに何の意味があったのか。

陸軍の官僚たちによる「目の前の我欲」で、逆に日本は大損をすることになります。

そういう不誠実・国際信義違反を、戦後は反省したのでしょうか。

田中角栄内閣による台湾断交。

中華人民共和国と国交を結ぶために、中華民国（台湾）と断交した日本。

台湾に落ち度はないのに、中共の言いなりに台湾の地位をおとしめた日本でしたが、東日本大震災の折に最も多額の義援金を贈ってくれたのは、台湾でした。

他方、中共は傍若無人に海洋進出を行い、日本や東南アジアの脅威になっています。

目先の利益ではなく真の国益を考えるならば、信義を捨て不誠実であることはマイナスのはずです。

これは個人や一般社会でも言えることですが、「あっちの方が得だ」と言ってそれまで世話になった人や組織を裏切ることは、果たして本当の成功を手にする道なのか。

「得」ではなく「徳」をこそ、求めるべきではないでしょうか。歴史はそう教えてくれていると、感じます。

第六講

経　済

(1) 真の経済力の差とは

真空管ラジオでわかる国力の差

今回は経済についてお話ししましょう。

経済というのは、いつの時代でも社会や国を動かす、大きな要素です。

そして、歴史的に経済で失敗した国や指導者が繁栄や成功を手にすることはほぼありません。

経済を測る指標はたくさんあります。

国全体の経済、国民一人あたりの所得、地域別の統計、世代別、あるいは税金の軽重等々。

「歴史失敗学」では、その中でもできるだけ個別で具体的な事柄を中心に例示して、そこから得られる反省、教訓を学んでいきたいと思います。

そこでまず例示したいのは、真空管の話です。

若い方はご存じない、知っていても実物を見たことはない、という方がほとんどではないでしょうか。

のちに集積回路（トランジスタ）に取って代わられましたが、一九六〇年代までは電気の増幅など、電気製品になくてはならないモノでした。

真空管を使った代表的な製品に、ラジオがあります。

真空管ラジオというのを、皆さんも聞いたことがあるかもしれません。

ラジオは真空管の発展に大きく寄与しました。真空管が発明されて製品化される時期とラジオの隆盛が重なっていたこともあるでしょう。

日本でも戦前からラジオはつくられていました。

日本の電化製品はその質において、戦前はまだ圧倒的に欧米の方が性能も良かったのですが、徐々にその差は小さくなり、ラジオはかなりの品質まで成長します。

生産も増えていきます。

日本が戦前最も多くのラジオを生産したのは昭和一六年（一九四一）で、九二万台弱ありました。

ラジオの価格は、大卒の初任給が八〇円前後であった時代に一〇〇円前後もしました。にもかかわらず、世帯数で考えると驚異的な普及と言えるかもしれません。

ここで、目を海外に転じてみたいと思います。

同じ時期、アメリカのラジオはどれほど生産されていたのか。

昭和一六年（一九四二）、アメリカでは一一〇〇万台のラジオを生産していました（通産大臣官房調査統計部編『機械統計年報』ほか）。

もちろん、真空管を使ったラジオです。

日本はアメリカの、およそ一二分の一程度の生産量しかありませんでした。

量は質に転化する

よく「日本の軍事技術の遅れ」の例として採り上げられるレーダーですが、日本のレーダー理論は当時の世界水準に比べ見劣りはせず、設計もきちんとできていて艦船に搭載されました。

ところが、なぜか不具合が生じるのです。

調べてみると、主砲など大口径の砲をズドンと発射すると、振動で真空管がぶれることがわかりました。

つまり、真空管の品質がいまひとつだったからなのです。

それは技術的に劣っていたことになるのでしょうか。

いま申し上げたように、理論も設計も、レーダーそのものも他国と比べて劣っていたわけではありません。ただアメリカの艦船搭載レーダーはどうであったのかといえば、これは大きな不具合なくきちんと作動するわけです。

違いの一つに、真空管の品質がありました。

アメリカは民生用の産業が発達していたため、ラジオにせよ自動車（戦車）にせよ航空機にせよ、あるいは搭載される各種部品にせよ、一般の市場で切磋琢磨されて高品質のものが生産できるようになっていたのです。いわば〝市場にもまれて〟良い品物になっていった。真空管の耐久性能などは顕著な一例と言えましょう。

これは何を示しているのか。

「量は質に転化する」

ことを示しているのです。

大量に生産することで弱点を素早く見つけ、市場にもまれて良い製品になり、さらに大量の購買に支えられて新たな技術を開発したり、より効率的で不良品の少ない生産ラインをつくることができたのです。

いくら一つの製品の技術を工場で研ぎ澄ませたとしても、「市場」という研磨剤がなければ完全に輝くことはできないのです。

経済力が大きいということは購買力が大きいわけで、より品質の良い製品の生まれる基礎が大きいわけです。

民生用の市場が大きければ製品は磨かれる

日本は戦後、安い賃金と高い技術力を持ち、国内はもとよりアメリカを中心にした巨大な市場を得たことで大量生産を行い、お客様からフィードバックされる数も圧倒的に多く、良い点も悪い点もたくさん指摘を受けて成長していきました。

戦前の重化学工業、弱電、強電は、それを引っ張るのが主として国家、特に軍であったために、一定の量は確保できたものの機密事項も多く、競争には晒されにくかったのです。

また民生用製品を大々的に売るには、市場が未成熟でもありました。

戦前の日本の経済構造は、製糸と紡績によって輸出を支え、国内では農家によって食糧を確保し、その間隙に重化学工業や弱電、強電が入り込んでいる状態でした。

木綿と絹と農家で支えた国家が近代的な軍を持つのは、やはり無理があります。

その無理が、技術も設計もいいのに製品化すると弱い真空管であったりするわけです。

戦前の日本経済の失敗要因として「軍事費の拡大」を採り上げる説がありますが、民生品の拡大、市場の開拓によって経済の好転を図るという手段もあったはずなのです。

それはしかし勇気のいることであり、そもそも市場のできていない国内でラジオのように普及させるには、さらなる財政出動が必要でした。

日露戦争で日本が外債募集に成功したことは、裏を返せばその借金を返していかねばならないわけです。これが第一次世界大戦の始まる前まで続いていたのですから、経済拡大のチャンスは少なかったわけです。

そして、日米開戦寸前の頃。

人口ではわずか一・三倍のアメリカが、鉄鋼生産では日本の一〇倍であったという状況が生まれます。民生用の船、工場の機械、建設関係など民需の圧倒的な差が、この「鉄鋼生産一〇倍」に示されているのです。

民需の大小が兵器の性能に影響を及ぼすということは、明らかでした。

(2) 負ける経済の仕組み

黒字の元禄時代にできたこと

ここからしばらく、「江戸の経済」を見ながら失敗を学んでいきたいと思います。経済が好調な時、私たちは将来のための投資なり開発なりを成し遂げているのでしょうか。元禄時代の経済は、このことをひじょうにわかりやすく示しています。つまり、なかなか「先を考えて投資をする」ことはしない、ということです。

江戸時代、徳川幕府の財政は元禄期まで黒字でした。なぜ元禄期を境に赤字に転じたのでしょうか。

幕府の運営は、基本的に①幕府の領地（四〇〇万〜四五〇万石）からの年貢と、②日本全国の有力な金山や銀山からの鉱山収入、それに③長崎などで行っていた独占的貿易からの収益で賄われていました。

まず①幕府直轄地からの収入ですが、徳川政権初期には六公四民、五代綱吉のあたりでは四公六民にまで変動していました。かなりの新田開発が行われたことと、鉱山からの金銀の産出、海外貿易の独占で、必要な分を賄えたわけです。

元禄期はなぜ好景気に沸いたのか。

元禄時代は納める年貢が少なくて済んだので、農民に余剰のお金ができました。それで農民の購買力が上がり、都市部の景気を良くしたわけです。

ところが、②の鉱山からの収入が激減（金・銀・銅の生産激減）したこともあって、金銀で決済を行っていた海外との交易も減収し、財政は悪化していきます。しかも経済成長にともなって江戸の人口が倍増するなど、都市政策にもお金をかけなければならなくなり、やがて財政は悪化の一途をたどります。

元禄の財政黒字の段階で、打つ手はなかったのでしょうか。

一番現実的だったのは、「収入の多角化」であったろうと思われます。

米と鉱山と交易の税収三本柱であるならば、商業に対する振興が考えられます。

当時商業は基本的には税金を納めていません。

もちろん、幕府が何の利益も与えずにただ商業からカネを取れ、と言っているのではありません。

幕府だからこそできるインフラの整備、輸送（船便）のさまざまな規制解除、交通網の充実と決済の簡素化などが考えられます。ほかにも全国統一貨幣を推進するなど、幕府にはやるべきことがあったはずです。

経済が好調なときにこそ、インフラをはじめ手間と時間とカネのかかる次世代経済の種まきをしなければなりません。

現在の延長線だけではなく、「いままではあまり気にしていなかった」「どうせできっこないと思っていた」新たな分野への進出を、積極果敢に行うべきなのです。

儲かれば誰しも、その日においしい食事や高いお酒を飲みたくなる。

しかしその儲けは、この先さらに稼ぎを増やす種に投資できる。

けれども、残念ながら人間は、なかなかそこに目をやることはない。

元禄期以降の財政赤字化から、そんなことがうかがえます。

知識で圧倒して権力を握る

財政の赤字を本格的に解決しようとしたのが、八代将軍・徳川吉宗でした。

吉宗という人は変わった人で、地図を見るのがとても好きでした。

地図の好きな人間は好奇心が強く、しかも想像力が豊かです。地理学は、歴史、気候、地学、民俗、生物など、理系から文系までの領域を見事に横断していて、好奇心や知識欲に富んでいた吉宗をまさに象徴するようなエピソードですね。

この知識欲は、将軍となってますます発揮されます。

吉宗は御三家の一つ、紀州藩出身です。前将軍の徳川家継が八歳で亡くなったため、老中合議の結果、吉宗が選ばれました。

吉宗の父親は将軍職に就いていませんから、幕府内に吉宗の側近はいないわけです。なので吉宗はしばらく、自分を将軍にしてくれた老中たちをそのままの地位で処遇します。

やがて、吉宗は頃合いを見て老中たちを質問攻めにします。

質問内容は幕府財政や年貢、民政など多岐にわたりますが、老中がいちいち細かな数字を覚えているわけがありません。ところが吉宗は将軍就任から二年の歳月をかけて、幕府の書庫から膨大な数の関係書類を取り寄せ読み込んでいましたから、老中たちをその知識で圧倒して、政治権力を握っていくのです。

「取る側の論理」で改革

吉宗はさらに、「側用取次」といういわば〝将軍の秘書室長〟に紀州藩出身者二人

（有馬氏倫《うじのり》、加納久通《ひさみち》）を据えて実務を握りました。

そして、以下の改革を進めます。

①支出を抑える（大奥のリストラ、倹約令など、無駄を省く行政改革）
②増税（上米《あげまい》の制で、各大名から上納金をとって一息つく）
③新田開発で増収を図る
④農民への税制改正（検見《けみ》法から定免《じょうめん》法に変更、課税対象の拡大）

簡単に言えば、支出を抑えて収入を増やしたわけです。

ただしここには、問題のある政策が含まれています。

それは④の税制改正、特に「定免法」です。

それまでは、収穫量によって年貢を徴収する「検見法」が採られていました。多く収穫した年には多く、収穫が少ない年には少ない年貢を、ということです。

それを、過去の収穫量を基本にして、毎年決められた年貢を徴収する「定免法」に改めたのです。豊作だろうが不作だろうが、一定のものを納める。

あなたはどう感じますか？

もしあなたが幕府の役人であれば、「定免法」なら豊作か不作か気にせずに安定的に財源が得られるわけですから、こんなに良いことはありませんね。

安定財源なら安定的・持続的な政策を行えます。

つまり政治が安定するわけです。

しかし。

役人の本音で言えば、「自分たちの収入が安定する」ことでもあるのです。

もちろんそれがいけないとは思いません。人は誰しも安定した収入を望むものです。

でも、そのために犠牲になる人がいることに気がつかねばなりません。

税金を「取られる側」はどうでしょうか。

豊作の年はいいとして、不作の年には農民は重税に苦しむことになります。事実、その後各地で一揆が頻発しているのです。

定免法は「安定した税収」という名の搾取でしかない（収穫高を基にした「検見法」も、もともとの税率が高い場合には定免法よりも負担が重いことがありました。宝暦年間に起きた「郡上一揆」などは、定免法から税率の高い検見法に変更したために起きています）。

本来ならば、不作の年でも財政が運営できるよう税の多角化や一定の財政で政権が運営できる機構改革が先行すべきです。

しかし、幕府財政の黒字化が最優先になると、「取られる側」のことよりも「取る側の都合」を自然に優先してしまうのです。

「立派な人だから、政策も立派」か？

吉宗は、無料の診療所である小石川養生所をつくったり、飢饉対策として青木昆陽を起用し甘藷の栽培を奨励したり、町人による町火消しを創設するといった社会政策、あるいは「足高の制」で任期中だけ石高を増やし下級層の有能な人材を登用するなど、多くの政治的遺産を残しました。また規模は小さいものの、産業振興策として輸入品の国産化（朝鮮人参など薬草や織物など）を行っています。

吉宗の政策は、一時的に幕府財政の好転をもたらしました。

こうした吉宗の「功労」が江戸期の改革の手本になってしまったことは、返す返すも残念です。「取られる側」ではなく「取る側」の理屈を優先する改革がまかりとおる原点になってしまったからです。

大奥の人間を大幅に削減したことなど、吉宗の「倹約」は実に立派で理にかなったものがたくさんありましたが、吉宗の改革が成功すると「倹約」は「年貢をどう取るか」とワンセットになって、パッケージのように表面的な決めごとになっていきます。

つまり倹約が「手段」から「目的」に変化してしまうのです。

倹約は本来、ムダな支出を抑えるというきわめて合理的な発想から始まったものですが、倹約が「美徳」になってしまいました。美徳になると、それを行うことが素晴らしいとなって、なぜ行うのか、どこまでやるのか、ということが忘れられがちになります。

吉宗はスケールの大きな、そして私心の少ない、清貧を厭わない立派な将軍でした。それだけに、影響はのちのちまで続くことになります。

「立派な人だから、政策も立派だ」と言い切れないところが、歯がゆくつらく、しかし歴史の現実でもあります。

異質な老中・田沼意次

吉宗時代のあと、大きな経済改革を行ったのは田沼意次《おきつぐ》でした。

この人はいろいろな収賄のエピソードが語られていて、「田沼の屋敷に〝京人形〟が贈られてきたので箱を開けてみたら、生身の京女だった」という類の、なんとも品のない話もあるのですが、現在ではほとんどが作り話だと言われています。

なぜそんな話が現在まで伝えられてきたのかといえば、やはり江戸期の老中としては異質な存在だったからでしょう。

この「異質さ」から田沼を過大評価する論調もありますが、実像も含めて彼の「失敗」を見ていきたいと思います。

意次は、家禄六〇〇石の軽輩から五万七〇〇〇石の大名になり、幕府の頂点である老中に就任しました。以下、主な経歴だけ見ても驚異的な出世の仕方をしています。わかりやすく、会社の役職を当てはめてみました。

一六歳　次期将軍、徳川家重の小姓
二七歳　本丸小姓（将軍の小姓）、翌年すぐに小姓頭（係長）
二九歳　御用取次見習（課長補佐）
三三歳　御用取次（課長）
四〇歳　一万石の大名
四二歳　徳川家重（九代将軍）が将軍職を引退するが、引き続き御用取次に留任
四九歳　側用人（部長）

五一歳　老中格、同時に側用人兼任　石高二万五〇〇〇石（取締役）
五四歳　老中就任　石高三万石（専務取締役〜社長）
六七歳　石高五万七〇〇〇石

田沼意次の人事で異例中の異例なのは、五一歳（明和六年・一七六九）のときの「老中格、同時に側用人兼任」です。

なぜなら、側用人と老中を兼務したら、将軍の意向を伝える者（側用人）と、それを承る者（老中）が同一人物になってしまいます。

田沼意次がどれだけ権勢を誇ったか、この一事を見ても明らかでしょう。

そうなった要因は、次のエピソードがよく物語っています。

九代将軍・徳川家重は田沼意次を重用していました。家重は遺言として、子の家治（一〇代将軍）に次のように言い残します。

「意次は、またうと（まとうど）のもの」

まとうど、とは、「正直者、律儀者」という意味です。田沼意次は律儀で将軍家に忠誠を尽くす男だから、自分が死んだあとも意次を引き立てて頼りにせよ、と教示したのです。

老中全員が田沼意次と姻戚関係

もちろん仕事もできました。

意次は宝暦八年（一七五八）、まだ御用取次のときに美濃の郡上一揆に関わる審理に加わり、果断な処置をとります。

意次は審理にあたって美濃郡上藩主・金森頼錦《よりかね》に手心を加えていた老中の罷免、若年寄の罷免と改易を断行し、当事者であった金森頼錦も改易にするなどして、見事に事態を収拾しました。

ほかにも意次の政治力を示すことはたくさんあります。大名たちは問題解決のために意次に陳情していた事実も明らかになっています（秋田藩と薩摩藩が幕府からの無利子のお金を意次に対して請願し実現、など）。

政策調整だけではなく、役職や家格についての依頼など、いまふうに言えば就職斡旋や昇進のお願いなどを受けていました。

こうして広がったいわば「田沼派」とも言うべき勢力は、意次の婚姻関係の推進でさらに拡大されていきます。

あまりにも例が多いのですが、例えば当時の老中は全員、田沼意次と姻戚関係にあり、意次の息子・意知《おきとも》は若年寄。意次と直接縁戚になれない中〜下層の武家たちは、田沼家の重臣との縁戚関係を持とうと競ったそうです。

こういう人物が、最高指導者として経済の改革を進めていきます。

幕府の現金収入が増える仕組み

幕府の赤字をどうするのか。

田沼意次政権のもとで、米はともかく、現金収入は増えました。

それは、大きく三つの政策が功を奏しています。

一つは、商業を中心にした産業振興策です。

輸入品の国産化（朝鮮人参など薬草や織物、白砂糖の国産化、綿羊の飼育）や、鉱山開発、干拓事業、貿易振興（オランダとは銅、中国とは干しアワビなど俵物の奨励）など、それまでの政権が行ってきた政策の延長線で、規模を拡大していきます。

二つ目は、新たな税。といっても、農業生産が限界に近づき恒常的な「米安」が続いていましたから、農家ではなくこれまで税金をかけてこなかった分野に目をつけます。

一例が「運上・冥加金」。

営業上の特権、あるいは権利などを与え、その「お礼」として献納金を出させる。許認可料ですね。意次はこの許認可料目当てに積極的に株仲間を認めていきます。

三つ目が、「請負」。

簡単に言えば、公共事業です。請け負った業者にお金が支払われる。

城の建設や修繕、道路、河川、架橋、新田開発など、特に元禄期以降は民間が請け負うようになり、意次の時代には経済刺激策もあって、かなりの勢いで公共事業請け負いのための運動が行われました。

しかも幕府が考えて工事を発注するのではなく、民間から「こういうことをやれば、幕府の利益になりますよ」と献策もされたのです。工事だけでなく低利で金を貸す機関の設立など、庶民の実利にかなった献策もありました。

そして献策によってつくられた機関や運用者は、冥加金を幕府に納めることになります。

こうして、田沼政権の財政は、現金収入が増えていったのです。

自分に厳しい政治が必要

民間からの献策は幕府では思いつかなかった細やかな政策となって反映されていき、そういう意味では、上からの政策にはない良さがありました。

他方、「こういうモノがあるといいですよ」と献策するのは、献策した者の利益に直結する場合が少なくありません。これはいわば、幕府に対する陳情です。

そしてこの陳情を実現させるために、担当者やその上役、果ては田沼意次個人にまで贈賄が行われる素地になったわけです。意次とその周辺は、まさに「賄賂攻勢」をかけられる中心にいました。

近年の研究（例えば大石慎三郎氏の『田沼意次の時代』）によれば、意次に着せられた数々の収賄疑惑はほとんどがねつ造で、意次自身は清廉な政治家であった、とされています。しかし意次本人はともかく、意次を取り巻くすべての人物、あるいは幕府機構の全員が清廉であろうはずはないのです。

いまと違って、権力者への贈賄行為が脱法であった時代のことですからなおさらです。

さあ、そろそろ意次の失敗について触れていきましょう。

意次の経済的な失敗は、なんといってもこうした「贈収賄横行の社会」をつくってしまったことです。金さえあればなんとかなる、金があれば仕事も地位も買える。そういう風潮を蔓延させるのは、政治が大きな要因になり得ます。

日本は戦後の高度成長期、「どんどん買って、どんどん使って、どんどん捨てよう」という価値観が生まれました。それは、物資が極端に欠乏した戦中・戦後を生き抜いた人々が当然行き着く〝理想〟であって、私はそれを頭から否定はしません。

しかしながら、その結果が公害であったり人と人との結びつきの希薄さにつながったり、〝物を大切にしよう〟という言葉が子どもに響かなかったり、「リストラ」と称して人を道具か何かのように捨てて数字ずらだけ誇る不埒な経営者が出たりする、そういうことであってはならないわけです。

政治が社会の価値を決めることは、良いことではないし許してはならないでしょう。しかし、政治のあり方が社会に影響を与えることはまぎれもない事実です。

井伊直弼のところで触れたように、たとえ他国の独裁者と比べて比較にならないほど少ない人数であっても、政治的粛正を行えば社会全体が暗然たる思いを抱くのです。田沼意次が「金権政治」をやれば、そういう社会の雰囲気になっていくのです。

これを組織に言い換えるならば、会社の社長が会社の金を流用する、部下や取引先から常識を超える接待や贈り物を受け取る、それによって人事や取引が決まっていったら、その組織は必ず崩壊していきます。

田沼意次政権は、拝金主義の風潮が蔓延する中で一時的に好結果を出しますが、天災など不運も重なって経済が停滞すると、

「金を贈ったのに仕事に結びつかない」

という不満を生み、けっきょく政権自体が維持できなくなりました。

意次は綱紀粛正を徹底し、たとえその時代には許されることであっても、身内を含めて「自分に厳しい」姿勢を示すべきでした。

ウソみたいな「大名救済策」

もう一つの失敗は、大名や幕府機関を借金から救うために打った政策が、大きな反発を生んだことです。

大名はとても厳しい経済状況に置かれていました。

大名の収入は年貢米ですが、米を現金化するため、大坂の蔵屋敷に米を送ってそれを大坂の商人が買い取る仕組みでした。

ところが享保以来、米価は低いままなのに他の物価がどんどん上がっていく。天候不順など起きたら、その低価格の米ですら収穫できない。

そこで大名たちは、まだ蔵屋敷に「入っていない」米を「ある」ことにして、先にお金を受け取りました。よく言えば「先物取引」、悪く言えば「空手形」の乱発です。これで実際に米が入ってこなかったらえらいことです。

そこで幕府は、空米切手（先物取引）を禁止します。

でも、それでは大名が食っていけなくなるので幕府が大名の米切手を保証するのですが、失敗します。そもそも大名に信用がありませんから、たとえ幕府が保証しても商人たちは大名の米に手を出しませんでした。

もともとの要因は、米価が安いことです。

そこで幕府はなんと、豪商から莫大な金銭を幕府に献金させ、それで市中の米を買い取って米価を上げようとします。

ウソみたいな話ですが、実際に実施されました。

が、ちょっと考えればわかることなのですが、商人から金を巻き上げて米価をつり上げたら、肝心の商人の財布がカラになるわけです。つまり、商人は金がないから大名へお金を貸すことができない。バカみたいですが、本当にやりました。そして失敗します。

ほかにも無茶な政策が続きます。

金座（金貨鋳造所）を助けるために、両替商に献金を強要することがありました。いまで言えば、銀行に「造幣局を助けたいから献金しろ」と言うようなものです。当然ながら両替商は献金政策に猛反発して、廃業するものまで出てしまいました。

天明三年（一七八三）、あるいは天明五年（一七八五）にも、豪商に対する献金要求が続きます。

なぜそんなに献金をさせようとするのか。

幕府が、その金で大名を救いたいからです。

しかし、それだけではありませんでした。

政策の実施と中止を繰り返す

大名から担保（田畑）をとり、

「大名が借金の返済を行わなければ、幕府代官が代行して担保から年貢を取る、だから安心して大名にカネを貸してやってほしい」

とまあ、ここまでは「お、幕府も商人のことを考えてくれているな」と思うのですが。

貸付利息は七％、うち一％は業務代行をする幕府に上納せよ、としたのです。なんのことはない、大名救済に便乗した幕府増収策でもあったのです（この政策はすぐに廃止に追い込まれます）。

そのうち、豪商だけではなく全国民にまで御用金令を出します（天明六年・一七八六）。これは、「五年後以降必要なくなればいくばくかの利子をつけて返す」というもので、税金というよりもむしろ国債に近いものでした。

しかしこれも発令二カ月後、中止されます。

表向きの理由は大洪水の影響ですが、幕府に対して「本当に返してくれるのか」という不信感が、制度の運営をつまずかせた最大の要因です。

政策の実施と中止。これを繰り返すと何が起きるのかといえば、それは政治への不信です。

本当に大丈夫なのか、この政権の言うことは信用できるのか、となってしまうのです。

江戸時代といえども民意はありました。

それが過激な方法（一揆や打ち壊し）で表出する頃には、もはや取り返しがつかないほど民意が離れてしまっているのです。

熟慮したのち断行するのが指導者のあるべき姿

天災による政策中止（下総《しもうさ》印旛沼の干拓事業など）は別として、他の経済政策、特に献金に関するものは「ずさん」の一言で表せるでしょう。ずさんだから、最初に命じた献金の額をコロコロ変えたりするのです。

田沼意次の経済政策は、このように拙速でずさんなモノが多かった、もっと言えば、ひじょうに近視眼的で、「とりあえずやってしまえ」という政策だったということです。

あまりにも政権を独占できたため政策に反対する勢力がなく、そのため思いつきのように政策をポンポン出しては引っ込める。

なぜそんなことを繰り返したのか。

意次は、有能な官僚でした。

課題があればすぐに解決し、解決することで出世街道を驀進した人です。

ただし。

意次が御用取次や側用人として解決した問題は、そのほとんどが長期的視野に立たない、短期的な問題でした。例えば郡上一揆の処理は、「いま幕府上層部も含めて厳しく処断しないと事態が収まらない」として処置しましたし、大名から金の融通を陳情されれば実現し、あるいは役職に就きたいという者を願っていた役に就かせたり。

これらは、長期的な政策ではなく目前の課題でした。

意次は、目前の課題処理には信じられないような能力を発揮するのですが、「どういう幕府であるべき」という理念はなかったように思えます。

蝦夷地開拓や貿易の振興が、意次の先進的政治家としての証、という人もいます。しかし、開拓や貿易も、運上金や冥加金のような新税も、すべて幕府財政黒字化のための施策であって、それを行った結果どんな幕府になるのか、どんな日本になるのかという「国家観」は感じられません。

ですから、「旗本家の家計と幕府の財政とを同じように運営している、とも批判されるような策」（藤田覚『田沼意次』）であったと指摘されるのです。

大局観の中で何をなすべきか、ということよりも、むしろ「この課題をどう処理するか」に重きを置く。

課題処理は重要です。そして「思いつき・即実行」というのは、一見勇断のように見えることがあります。それはその策が成功したときであって、実際には、熟慮したのち断行するのが指導者のあるべき姿です。

経済政策で大切なことは、どのような国家、どのような組織にするのかという理念、言い換えれば「大局観」が必要です。

全体を眺め、過去と未来を見据え、その中でいま何をすべきかを考える。

田沼意次は徳川時代における傑出した人物だっただけに、とても惜しく感じます。

〈総　括〉

第六講では、「経済」の失敗事例として、

（1）真の経済力の差とは

（2）負ける経済の仕組み

をお話ししました。

（1）の「真の経済力の差」については、真空管を例に民需の重要性に触れました。

「量は質に転化する」。どんなに技術的、論理的に優れていても、製品として高品質なものになるには市場で磨かれなければなりません。そうした市場経済をしっかりと持っていることが、経済そのものを強くしていくのです。

（2）の「負ける経済の仕組み」では、江戸時代を例に取りました。

元禄時代、黒字財政を次世代のために投資しなかったツケで、幕府は以降ほぼ赤字財政を続けます。改革者として名高い八代将軍・徳川吉宗も、新田開発や税制改正などで一時期財政の好転を見ますが、税制改正は「取られる側」ではなく「取る側」の都合を優先しました。

田沼意次は有能な政治家で、異例の出世を果たします。そして政権を自派で独占しますが、その政策は「拝金主義」を呼び、景気が後退し始めると「賄賂を払ったのに仕事がこないぞ！」という不満を持たれました。

また、先進的と言われる政策の一方で、場当たり的でずさんな大名救済策などが多く、目前の課題を解決できても、長期的視野の政治とは言いがたく、構造改革もできないまま失脚します。

江戸期の財政から見えることは、「取られる側」のことを考え、長期的な視野で、幕府の構造を変えていかなければいけなかった、ということでしょう。

第七講

失敗を恐れるな

（1）負け方も大事

見事な城明け渡し

ここまで話を聴いていただいて、どんなに準備をしても、どんな偉人や英雄でも、どんな巨大な組織でも負けること、失敗することがある、というのはおわかりいただけたと思います。

つまり、負けも失敗もない人生なんて、存在しないのです。

大事なのは負けたあと、あるいは失敗したときどう対処するか、ということです。

圧倒的な差の敵を前にして、降伏することもあるでしょう。

そのとき、考えていただきたいのです。もし、「降伏しなければならない」と決まっているのなら、その〝降伏の仕方〟には意味があるはずです。

五回目の講義でお話しした福島正則の家臣に、福島丹波（治重）という男がいます。歴戦の勇士で、早くから正則と行動を共にし、その勇名は天下にとどろいていました。

そんな福島丹波の名をさらに高名にした事件が起きます。

それは、主君・福島正則の改易。

広島城の無断改修を咎められ、信州に転封させられたことはお話ししましたが、このとき、広島城など関係先を取り上げるため幕府の使者が派遣されてきました。

その時広島城にいた、福島丹波。

彼は、頑として幕府の使者の要求を聞き入れませんでした。

完全な臨戦態勢をとった上、

「この城は主君・福島正則より預かったものである。私は正則の家臣で、幕府の家臣ではない。よって、主君・福島正則の命なくして、城を明け渡すことはできない」

と啖呵を切ったのです。

丹波の主張の要点は、

「主君・正則、忠勝父子の生死がわからないのに勝手に城や領地を明け渡せない。正則からは、〝自分の留守中に戦いになれば城を枕に討ち死にしろ〟と命じられている。幕府の使者は主君・正則の書面がくるまで国境の外で陣を構えよ」

などといった意気軒昂なもので、幕府の使者を驚かせました。

使者は仕方なく、江戸に軟禁中の福島正則から書状を取り寄せて、正則から丹波に

「城を明け渡すように」と命じられた形をとって、ようやく開城させました。

城に入った幕府の使者たちは再び驚きます。

城内は清掃が行き届き、槍や鉄砲などの武器の目録、福島家家臣の事績を記したものなどが整然と置かれていたのです。

丹波にはその後、多くの大名から「万石以上で召し抱えよう」という仕官話が来ますが、「二君に仕えず」と言ってすべて断りました。

この出来事があって後、長い徳川幕府の歴史の中で、改易になる大名たちの城引き渡しには必ずその城の主君の命をもって行うことになります。

もし福島丹波がやすやすと城を明け渡していたら、幕府の使者にへつらうように対応していたら、おそらく福島正則の名も地におちたことでしょう。

あるいはまた、頭に血が上った家臣たちを抑えることができず幕府側と一戦に及んでいれば、福島正則父子はもちろん、多くの家臣やその家族も犠牲になり、勇ましくはあっても「蛮勇」のそしりは免れなかったでしょう。

福島丹波の「負け方」は、負けることが避けられないとなった場合に、「どう負けるか」を極めた点で見事としか言いようがありません。

一人の餓死者も出さない奇跡の名将

次は、「撤退」について考えてみたいと思います。

負けたとき、失敗したときにどう引き下がるのか。

昭和一九年（一九四四）に行われたインパール作戦は、現在では「愚策」の代名詞のように言われています。

インド領インパールを奪取し、ビルマ防衛を固める。その眼前には二〇〇〇メートルを超えるアラカン山脈があり、これを踏破する補給は不可能。しかし牟田口廉也《れんや》陸軍中将は作戦を熱望し、ついに昭和一九年三月に作戦は開始されます。

が、わずか二週間で食糧は尽き、その後インパールになんとか迫ったものの、力尽きて撤退を余儀なくされました。日本軍一〇万の将兵のうち約七割の損害を出し、その退却路は「白骨街道」と呼ばれ、日本兵の死骸で延々と埋め尽くされました。

そんな中、残存兵力四〇〇名で二万の敵兵と戦いながら、一人の落伍者もなく無事帰還した部隊がありました。それが、第三一師団麾下の歩兵団長、陸軍少将・宮崎繁三郎の率いる「宮崎支隊」です。

作戦当初、宮崎少将は歩兵団長としてコヒマ占領に向かいます。

敵の制空権下、「富士山の弟」級の山を越えるのに、たった二週間超分の食糧しか持たせてもらえず、しかも軍司令部は机上で地図を広げただけで、現地の実地踏査をほとんどせずに立てた作戦です。

食糧とすべく連れていった牛や山羊は山越えに耐えられず、谷底に捨てられました。これに雨季が追い打ちをかけます。

下痢、マラリア等で兵たちが次々と倒れていく。まともな作戦行動ができるわけがありません。ところが、この状態に苛立った牟田口軍司令官は作戦のずさんさを棚に上げ、その責任を現場の各師団長のせいにして、なんと参加三師団の師団長全員を解任します。

けっきょく全軍は退却していきますが、宮崎少将麾下の宮崎支隊だけコヒマに取り残され、いわゆる「しんがり」をやらされることになります。

宮崎支隊四〇〇対、敵二万、です。

退却路には、信じがたい光景が広がっていました。どこを見ても自軍の死骸とその腐臭が漂う。しかもそのほとんどが、食糧不足からくる弱った身体にマラリアや赤痢が襲いかかっての死です。

しかし宮崎支隊からは、一人の餓死者も出ませんでした。

なぜか。

実は後退時のことも考えて、宮崎繁三郎はさまざまな手を打っていました。進軍時、ビルマ語を習わせた兵を先頭にして村に入ると、村の有力者に日本軍のインド進攻の使命を説明。村の入り口には歩哨を立たせ、食糧はすべて適正価格で買い取ります。

絶対に略奪はしません。

さらに宮崎少将はポケット・モンキーを飼っていて、その小猿を拳の上に乗せ、村落を通過していきます。現地の子どもたちが「ミヤオ、ミヤオ（猿、猿）」と言って喜び、大人たちもそんな宮崎少将に好意を持ちました。

退却時、この道が、宮崎少将たちの命を救う道になります。

ほかにも宮崎は、兵の装備、ゲリラ戦など戦術上の工夫を行いながら、撤退途中には散乱している自軍の遺体を埋めさせ、息のあるものは背負えるだけ背負いました。餓死寸前の見知らぬ兵に自分の米を分け与え、「元気が出たら、きっとついてこいよ」と励ましました。兵は誰もが、「宮崎閣下のあとをついていけば、必ず帰れる」と確信を持ったといいます。

宮崎は、一人の餓死者も出さずに帰ってきました。

宮崎繁三郎のエピソードは、撤退をも予測して有効な手段をとっておくことの重要性と、どんなときでも、自分がつらく苦しいときでも、常に部下を、周囲を思いやる心が組織を一つにまとめるのに役立っていることを証明しています。

ちなみに。

戦後宮崎繁三郎は、東京で雑貨店を静かに営み、昭和四〇年（一九六五）に亡くなります。

その臨終の間際、

「敵中突破で分離した部隊を、間違いなく掌握したか?」

敵中突破の攻撃でバラバラになった部隊や兵たちが、ちゃんとついて来ているか?と、何度もうわ言を繰り返していました。

部下の安否を常に心配していた宮崎らしいエピソードです。

勇気と大局観で撤退を決意した駆逐艦

撤退を決断するにも勇気が必要です。

昭和二〇年四月、菊水一号作戦で戦艦「大和」と共に沖縄へ海上特攻に出撃した駆逐艦「涼月《すずつき》」。しかし、米軍の猛攻で「涼月」は直撃弾を艦首に受けたため、後進微速でしか動けなくなりました。つまり、ゆっくり後ろ向きで進むことしかできなかったのです。

すでに戦艦「大和」や軽巡「矢矧《やはぎ》」はじめ、駆逐艦四隻も喪っていました。

このとき駆逐艦「涼月」の艦橋で、平山敏夫艦長と倉橋友二郎砲術長が激論を交わします。

このまま、後進微速で沖縄に突っ込むのか。

それとも、ここは生きて帰り、再度戦いの場に臨むべきか。

無線もすべて破壊されていて、どことも連絡がとれません。そのため、作戦が中止になったのかどうかもわかりませんでした。

佐世保帰還を進言する倉橋砲術長と、沖縄に向かおうとする平山艦長。

倉橋友二郎は、平山敏夫を「淡泊豪快、男性的な性格は、苦戦時において実に強力な支柱となった」と書いています（倉橋友二郎『激闘駆逐艦隊』）。

戦後、日本生産性本部などで活躍する理性的な倉橋砲術長と、豪放な平山艦長。

倉橋の撤退進言に対して、平山はこう述べます（以下、澤章『軍艦防波堤へ』より。澤氏は平山艦長の令孫）

「沖縄に連れて行ってくれという彼ら（戦死した戦友たち）の声が聞こえんのか」

「（倉橋の言うことはわかるが）人間の生き死には理屈だけでは決められん。筋が通っているだけでは人の心は動かんのだ。その割り切れないものをすくい取るのが上に立つ者の務めじゃないのか」

これに対し倉橋砲術長は、沖縄に向かえばただの捨て石になる乗組員について、

「（帰還すれば）捨て石が生き返るのです。死んだ仲間たちに代わって彼ら若い兵士たちが生きるのです」

と、帰還を進言し続けます。

そして、やりとりをしていくうちに平山艦長の気持ちが動き始めます。もともと特攻に反対する軍人でもあったので、倉橋砲術長の言葉が説得力を持ったのでしょう。

「一度死を覚悟した者たちを生きて連れ戻すことが如何に難しいか──略──撤退の決断が一番厄介だぞ。突っ込むほうがよほど気が楽だ、何も考えんでも良いからな」

そう言いながら、しかし平山艦長はその〝難しい撤退〟を決断します。

「涼月」は、さまざまな思いを呑みこんだ平山艦長の英断で、後進微速のまま佐世保に戻ります。

佐世保では沈んだと思っていた「涼月」の姿を見て、港じゅうの船が喜びに霧笛を

鳴り響かせたそうです。

平山艦長の苦悩と、倉橋砲術長の冷静な判断。それは、信念のぶつかり合いでした。最終的に平山艦長が撤退を決めたのは、この戦いの真の目的とは何か、ということではなかったでしょうか。満身創痍の艦を沖縄に向けるのか、他日を期すのか。沖縄に向かえば、途中で再び攻撃を受けることはわかっています。反撃できるならばまだしも、すでに艦隊としての機能どころか艦そのものの戦闘機能が喪われている。「死んだ戦友の想い」「死に場所を得る」といった感情論を抜きに考えれば、戻って再び戦う方が目的に叶っているわけです。

撤退には、勇気と大局観が必要です。たとえ卑怯者と言われても再起を期す勇気と、何を目指すべきかという大局観がなければ、それは本当の卑怯者になってしまうでしょう。

駆逐艦「涼月」は現在、福岡県若松港の防波堤となり、コンクリートに埋まっています。

戦後まで見据えた「島津ここにあり」

慶長五年（一六〇〇）の関ヶ原合戦で、島津義弘は、石田三成方の西軍に属しました。どんな理由か定かではありませんが、島津義弘は関ヶ原の戦場にいながら本戦に参戦しませんでした。石田三成が義弘を、率いている軍勢が少なかった（一五〇〇名前後）ことで軽んじたため義弘は怒って参戦しなかったという説もありますが、義弘ほどの名将ですから、入ってくる情報などを勘案して様子を見ていたと思われます。それでも徳川家康の東軍にとって島津は敵勢ですから、攻めてきます。これに対して島津勢は鉄砲などで防戦をします。

やがて西軍が敗れ、島津勢は東軍が充満する戦場にぽつんと残されてしまいました。島津勢は東軍の攻撃で人数が減り、三〇〇人ほどであったという説もあります。進退谷《きわ》まった義弘は自決を考えますが、家臣に説得されてこの戦場を脱出することになります。いわゆる「島津の退き口」です。

なんと島津義弘は三〇〇の少勢で徳川本隊の正面に突進し、突っ込むと見せかけて脇にそれ、伊勢街道に抜けていきます。

この退却戦がどれほどすさまじいものだったのかというのは、以下の戦いぶりでおわかりになると思います。

島津勢は「捨て奸《がまり》」という戦術を使いました。

まず、小部隊が決死の覚悟で追撃してくる敵を食い止めます。このとき小部隊は、全滅するまで戦います。そして次の小部隊が待ち構え、また全滅を繰り返す。こうして時間を稼いで本隊を逃がすわけです。

これによって、〝徳川四天王〟のうち存命中だった井伊直政は重傷、本多忠勝も落馬し、ついに島津義弘を取り逃がしたのです（四天王の残りの一人榊原康政は、徳川秀忠の軍監として中山道を関ヶ原に向かっていました）。

島津側も三〇〇人のうち生き残ったのはわずかに八〇人。

しかし、この戦いぶりこそが戦後処理の中で、島津を有利にさせます。

家康は最初、島津攻略を考えて九州の諸大名を動員しますが、まずは島津が折れます。

そこで和平交渉になるのですが、二年も粘ったすえに薩摩・大隅・日向の本領安堵を勝ち取ります。

比較的早く降伏した上杉や毛利は大幅な減封であったのに対し、二年も粘った島津の本領安堵は大きな成果でした。

いまさらあの撤退戦で見せた精強な島津勢と戦うには、徳川を取り巻く政治状況は良いとは言えませんでした。関ヶ原合戦直後であれば大義名分も立ったのですが、豊臣家と微妙な関係になっていた家康は、ここで新たな騒乱を起こし、時間と大きな被害が予想される島津攻めの不利を悟りました。

島津の撤退戦は、「ただ退却すればいい」のではなく、戦後まで見据えた「島津ここにあり」という鮮烈な記憶を東軍に残すためであったようにも思えます。

(2) 先を見据える

戦争末期なぜ「海軍兵学校」に四〇〇〇人を超える若者を迎えたのか

負けることが確実な情勢でやるべきことは何か。

その一つは、「温存」です。

昭和二〇年(一九四五)の段階で、日本軍首脳部のほとんどは敗戦を覚悟しています。

そしてその一部の中で、こんな動きがありました。

海軍兵学校の大増員です。

海軍兵学校は海軍の将校になるための学校ですから、戦争末期で人員が足りなくて増員した、という側面もありますが、もう一つ、「戦後に日本を復興するための人材を温存する」という隠れたもくろみもあったのです。

海軍兵学校は明治三年（一八七〇）、前身となる「海軍兵学寮」が築地にでき、明治九年（一八七六）に「海軍兵学校」と改称されました。明治二一年（一八八八）、築地から広島の江田島に移転します。

生徒の数ですが、初期の頃は数十名、一〇〇人を超えるのは日清戦争後の「六六艦隊建造計画」が決まったあとの二七期（明治二九年・一八九六、一一月入校）からでした。大正九年（一九二〇）の「八八艦隊」創設が決まる前後から入校者は三〇〇人規模になりますが、ワシントン軍縮条約（大正一一年・一九二二）やロンドン軍縮条約（昭和五年・一九三〇）などがあると五〇名前後に激減します。

昭和一二年（一九三七）の日中戦争勃発から再び増え始め、日米開戦後の昭和一七年（一九四二）には、一〇〇〇名を超えます。

しかし、特筆すべきはこのあとです。

七五期生（昭和一八年一二月入校）、三四八〇名。

七六期生（昭和一九年一〇月入校）、三六六〇名。

七七期生（昭和二〇年四月入校）、三七七一名。

そして。

兵学校の予科として七八期生が同じ昭和二〇年四月に入校しますが、その数はなんと、四〇四八名にのぼりました。

戦後を支える貴重な人材が確保された

当時兵学校の副校長であった大西新蔵（海軍中将）は戦後、

「実は海軍兵学校は、この時（七八期が入校した頃）すでに、暗黙の間に〝国立大学〟に移行していたものである。

将来日本社会の上層構造たるべき優秀有為の士をして、徴用その他で歳月を徒費させてはならない。国立大学に代って教育を担当しようというものである」（海軍兵学校七八期会会報「針尾」第一〇号）

大西新蔵中将も、それが誰の発案であったのか定かではない、としていますが、予算のかかる人員大増員は一部署の裁量を超えています。

昭和一七年から一九年まで校長を務めた井上成美（校長当時中将）も、教育期間を減らしてなるべく早く戦地に送り込もうという中央の方針に反対します。

井上は敗戦を見越して戦後の日本を背負って立つ人材育成も考え、「海軍兵学校は〝ジェントルマン〟をつくる場所だ。短期間でできるものか」と言って期間の圧縮に猛反対したのです。そういうことを井上たちはめざし、兵学校での教育も英語を禁止せず、軍事的なものではなく大学の教養課程に相当するような内容をやれ、と指示します。

海兵七八期の授業内容を見ると軍事系のものはほとんどなく、英語や国語、漢文、数学、物理、歴史、地理など一般科目がほとんど。しかも、教官たちは「鍛えちゃ（腕力で従わせては）いかん。生徒は可愛がれ」と指示を受けていたそうです。なので、いわゆる軍隊内の陰惨ないじめはほとんどなかったと、七八期の故・今井喜与氏から伺いました。

七八期は「予科」だったので、年齢でいうと一四、五歳。当時は工場への動員や食糧増産のための畑仕事などで、本格的に勉強をする時間がとれませんでした。

昭和一九年に起案された海軍の文章にも、勤労動員などで「学力亦低下しつつあり」と、人材育成への危惧が述べられています（「昭和一九年及昭和二〇年に於て採用すべき海軍兵学校、海軍機関学校及び海軍経理学校生徒の採用員数に関する件仰裁」）。

戦いに負けることがわかり始めたとき、上層部の一部で「そのあと（戦後）のため」に人材を確保し、教育することが考えられたようです。

実際に七八期からは多くの企業経営者、銀行家、大学教授、法律家を生みます。市井にあって教育者として尽くした者、家業を繁栄させた者など、肩書とは関係なく活躍した人たちも少なくありませんでした。

まさに井上成美たちが考えたとおり、日本の戦後を支える貴重な人材が確保されたのです。

辛抱し粘り強く続ければ必ず失敗を挽回できる

負けたとき、失敗したときに人はすぐその失敗を取り戻そうと、必死にもがきます。それは必要なことかもしれません。しかし、〝一発逆転〟を狙うのは間違っています。

失敗や負けは、小さな積み重ねでしか回復できない。

いいえ、言い方を変えましょう。

失敗や負けは、小さな積み重ねで、いくらでも回復できるのです。

二宮尊徳という人がいました。

薪を背負って本を読んでいる、あの二宮尊徳ですね。

尊徳は、江戸時代後期に農村復興に尽力した人物です。

「復興」と書きましたが、もっとはっきり言えば、飢饉などで死人の出ている村々を、再び豊かな農村に戻すという離れ業をあちこちで成功させた人です。

尊徳の手法を「報徳仕法」とも呼びますが、ごく簡単にまとめると以下のようになります。

一所懸命に働く（勤労）。収入の中で暮らす（分度）。利益が出たら、自分の将来のため、あるいは社会のために役立てる（推譲）。

二宮尊徳にはたくさんのエピソードや教訓話があるのですが、中でも注目したいのは「積小以大」という考え方です。

小さなことの積み重ねで大きなものを得る。

尊徳はこんな例え話をします。

「一〇〇万石の米と言っても、一粒ずつの米が大きいわけではない。大きな田を耕すと言っても、それは一鍬ずつ土を掘って広げるものである」

大きなことをやろうと思えば一つ一つの小さな積み重ねがどれだけ大切か、ということですね。

ところが、こうした理屈はよくわかっていても失敗する人がいます。

「仕事で失敗する人の常として、大きな事業を望みすぎるあまりに小さな努力を怠り、難しい仕事のことばかりを心配して、簡単に済ませることのできる仕事を一所懸命やろうとしない。結局、事業は成功しないのである」

具体的に尊徳は、こんなことをしています。

四二軒しかない小さな村で、年間に六〇両（現在の貨幣価値で六〇〇万円）のお金を、縄をなうことでつくり出せると尊徳は説きました。

「一軒が毎晩ひと房の縄をなえば、村全体で四二房になる。一カ月で一二六〇房、一年で一万五一二〇房。ひと房五文として一二両弱。もし一軒の家で一晩に五房の縄をなえば、村全体で一年およそ六〇両近いお金になる」

大きな借金があっても、村全体で助け合いながら、そして村人一人一人が小さな自分の責任を果たせば、一年で返済が可能だというのです。

「縄をなうことはそんなに難しい仕事ではない。だから縄ひと房はわずか五文にしかならない。しかし、みんなで毎日続けることによって、これほど大きな結果をもたらすのである」

小さなことをみんなで協力し合いながらやっていけば、大きな結果を得られる。

ここで大切なことは、「辛抱」です。

理屈は尊徳の言うとおりです。しかしたとえ少しの労力であっても、毎日続けるのはなかなか難しいものです。

だからこそ、「辛抱」が大事なのです。

我慢すること。粘り強く続けること。

それさえできれば、どんなに大きな目標であっても近づくことができるわけです。

先を見据える。

いまは失敗してしまったけれども、先を見据えてこれからコツコツ努力を重ねていけばきっと結果が出せる。こういう気持ちを持ち続けることが、失敗から回復する一番の早道なのかもしれません。

海軍兵学校の例のように、先を見据えて準備をし、二宮尊徳のように、先を見据えて努力を重ねていく。失敗の回復にウルトラCはありません。だからこそ、誰でも失敗から回復できるのです。

(3) 素直に省みる

何がダメだったのかを知って、学んで、鍛える

ずっとお付き合いいただいてきましたが、そろそろ講義を終える時間が近づいてきました。

名残惜しいですが、皆さんのお役に立てる話があったならば、本当にうれしいです。

いまあらためて講義を振り返りながら思うのは、

「失敗は、してもいい」

ということです。

懸命に頑張った末に失敗することは、次の成功をより大きくするためのステップなのではないか、という気がするのです。

ただし、失敗を素直に受け入れない、素直に反省できない人や組織は、挽回が難しい。

「悪いのは自分じゃない」「社会が悪い」「経済が良くない」「あいつが邪魔した」な

ど、失敗を弁護する言葉はいくらでも見つけられます。

他人のせいにすることほど、簡単な言い訳はありませんね。

もし成長したいのなら、もし次は成功したいのなら、失敗を他人のせいにしない。

すべてはここから始まるのではないでしょうか。

南北朝時代の武将、今川了俊は、こんなことを書いています。

しかれば、心致してまず学びて
われ拙《つたな》きを知りて、退屈せよかし

心を落ち着けてよく学び、自分のどういうところがダメだったのか理解し、自分の非を認めなさい、という意味です（「退屈」は「退きて屈っする」。非を認めること）。

自分の非を認めるのは、自分はダメな人間だと思うことではなく、どういうところがダメだったのかを知ることです。

知って、再び学んで鍛える。

成長とは、この繰り返しではないでしょうか。

よき大将とは、一度大きな失敗をした者のことである

昔、福田赳夫《たけお》という政治家がいました。

「これから何をするのか。私は第一に勉強したいと思います」

昭和四七年（一九七二）一〇月、自民党総裁選に敗れた福田赳夫は、そう述べました。

田中角栄と壮絶な総裁選挙を繰り広げたあとのことです。

当時福田赳夫は、六七歳。

外務大臣、大蔵大臣、自民党幹事長など要職を歴任した財政家が、総裁選に敗れたあと考えたのは、「まずは勉強をする」ということでした。

むろん彼は現職の衆議院議員ですし、派閥の親分でしたから、権力闘争は続けます。

しかしその一方で、福田はさまざまな勉強会を立ち上げ、あるいは積極的に学者と交わり政策提言をまとめるなど、本当に「学び」を続けます。

昭和四七年に始まった「愛宕会」という労働組合幹部との個人的な会合では、それまで保守系の政治家にはなかなか届かなかった消費者サイド、労働サイドからの本音の話を聴き、福田は物価安定のための大きな〝糧〟を得ます（楠田實編著『産経新聞政治部秘史』）。

六七歳で自民党総裁選に敗れても、自分の負けを認めて学び続けた福田は昭和五一年（一九七六）、七一歳で総理大臣になります。

また昭和五三年（一九七八）再び総裁選に敗れたあとも、たとえばインターアクション・カウンシル（OBサミット）を創設し米ソ核軍縮に貢献するなど、意欲は衰えませんでした。

平成七年（一九九五）五月、九〇歳の福田赳夫は病を押して第一三回OBサミットに出席し、次のように語りかけました。

「五〇年前に、私たち日本人のみんなが廃墟の中でなめた苦しみを、いま世界で十数億人にも達するという貧困層の人々のそれと重ね合わせるとき、私たちはただ現状に感謝し、満足しているだけではすまされないのです」

日本のかつての苦境を振り返り、いまを満足するだけではいけない、共に困っている人を救おうではないか、と獅子吼します。

そのおよそ一ヶ月後、福田赳夫は還らぬ人となりました。

福田は戦前、二・二六事件で暗殺された大蔵大臣の高橋是清に仕え、中国の汪兆銘政権の財政顧問になり、大蔵省の主計局勤務時代は陸軍の軍人から予算の件で恫喝されてもひるまず、戦後は池田勇人や田中角栄に真正面から戦いを挑む闘士でした。

そして何より、福田赳夫は、日本の失敗を当事者として知る政治家の一人でした。彼が、世界の貧困にあえぐ人々を救おうと病身から絞り出すように呼びかけたのは、失敗を知る者の深い洞察と反省の結果ではなかったかと、思えてなりません。

最後に、戦国武将・朝倉宗滴の言葉をお贈りし、講義を終えたいと思います。

巧者の大将と申すは、一度大事の後《おく》れに合いたるを申すべく候

（よき大将とは、一度大きな失敗をした者のことである）

〈総　括〉

第七講では、「失敗を恐れるな」ということで、

（1）負け方も大事
（2）先を見据える
（3）素直に省みる

をお話ししました。

（1）負け方も大事

負けることが決まっているならば、その負け方には意味がある、ということで福島丹波の例を挙げました。

また、退却を予想して準備することの大切さ、そして困難な中でも自分の部下を思いやる宮崎繁三郎のあり方。さらには、継戦不能になっても沖縄に突っ込もうとし、しかし、いま何をすべきか大局観をもって引き揚げた駆逐艦「涼月」の

真の勇気について述べました。

関ヶ原合戦で徳川を恐慌に陥れた島津勢の退却など、負け方の大切さについて申し上げました。

（2）先を見据える

終戦を見越して戦後復興の人材温存のため、入校者を大幅に増やした海軍兵学校の例や、辛抱しながらでも小さなことを一つずつ積み重ねることで大きな成果を出した二宮尊徳についてふれ、失敗を回復するにはウルトラCはなく、先を見据え、努力を積み重ねることがいちばんの近道であることを申し上げました。

（3）素直に省みる

失敗を他人のせいにしないこと、素直に反省することの大切さにふれました。

すでに老齢であった福田赳夫は総裁選挙に敗れたあと、「勉強をしたい」と言って学びを続け、様々な人の声に耳を傾けました。総理をやったあと再び総裁選に敗れても、OBサミットを主催して米ソ核軍縮に貢献。病身を押して出席したOBサミットで、かつての日本と世界の貧困を論じた福田。戦前から政治の中枢にいた福田は、「日本の失敗」を経験し、それを素直に省みて後世のために生かそうと、獅子吼しました。

失敗した者だからこそ、よき指導者になれる。

本書に登場した多くの「偉人」「英雄」「名君」は、そう私たちに語りかけています。

おわりに

お読みいただき、ありがとうございます。「歴史における失敗」を通じて、皆さんのお役に立てれば本当にうれしいことですし、また少し角度の違った歴史の見方、その面白さを感じていただければ幸いです。

以前、『「戦国大名」失敗の研究』（PHP研究所）はじめ「失敗の研究」シリーズを書かせていただき、これに関連する講演や勉強会など、お話しする機会が増えました。「失敗の研究」シリーズは、戦国時代や江戸時代あるいは幕末の指導者と、近現代の人物を主として比較するもので、各章テーマを設けながらしかし、「人物比較」を主目的としていました。

人物比較は本当に面白いのですが、他方、こうした書き方はテーマを絞ることにあまり向いておらず、講演などではテーマ別に構成し直したものをお話ししてきました。

その中で、「きょうの話のような、〝テーマ別の『失敗の研究』〟はありませんか」とよくご質問を受け、いつかテーマ別に改めたものをまとめてみたいと考えておりました。

そうした折、三戸岡道夫先生から月刊『致知』の副編集長・藤尾允泰氏をご紹介いただき、本書の実現に至りました。三戸岡道夫先生、藤尾允泰・副編集長に、心から感謝申し上げます。

そして本書をご担当戴いた編集の小森俊司さん。誠実にご尽力賜りましたこと、この場を借りて御礼申し上げます。また、執筆の機会を頂戴しました致知出版社代表取締役社長の藤尾秀昭氏に、心から深謝申し上げます。

恩師・上條末夫先生。私の歴史観の源であり、常に大局観を持つことを教えてくださったことへの感謝は、万言を費やしても足りません。ありがとうございました。

最後に、ここまでお読み戴いた読者の皆さまに、心から、感謝を申し上げます。

令和元年秋

瀧澤　中

主な参考文献（比較的入手しやすいものを中心に）

第一講

『松平定信―政治改革に挑んだ老中―』藤田覚（中央公論社）
『海国兵談』林子平（岩波書店）
『関ヶ原合戦と近世の国制』笠原和比古（思文閣出版）
『関ヶ原合戦と大坂の陣』笠原和比古（吉川弘文館）
『真珠湾作戦回顧録』源田実（読売新聞社）
『真珠湾攻撃総隊長の回想　淵田美津雄自叙伝』淵田美津雄（講談社）
『史観・真珠湾攻撃』福留繁（自由アジア社）
『昭和海軍秘史』中村菊男編（番町書房）
『海上護衛戦』大井篤（角川書店）
『統帥権と帝国陸海軍の時代』秦郁彦（平凡社）
『統帥権とは何か』大谷敬二郎（光人社）
『戦前日本のポピュリズム』筒井清忠（中央公論新社）
『水戸市史』水戸市史編纂委員会（水戸市）

『幕末の水戸藩』山川菊栄（岩波書店）
『水戸藩のあゆみ』鈴木暎一（茨城新聞社）
『流星のごとく』瀬谷義彦ほか（NHK出版）
『幕末水戸藩の苦悩』畑市次郎（自治出版社）

第二講

『京都守護職始末』（1、2）山川浩（平凡社）
『会津戊辰戦史』（1、2）会津戊辰戦史編纂会編（東京大学出版会）
『松平容保のすべて』綱淵謙錠ほか（新人物往来社）
『会津戦争のすべて』会津史談会編（新人物往来社）
『奥羽越列藩同盟』星亮一（中央公論）
『桑名藩戊辰戦記』郡義武（新人物往来社）
『戊辰戦争』保谷徹（吉川弘文館）
『上杉鷹山と米沢』小関悠一郎（吉川弘文館）
『上杉鷹山公』今泉亨吉（米沢信用金庫叢書）
『「名君」の蹉跌』マーク・ラビナ（NTT出版）

『上杉鷹山の人間と生涯』安彦孝次郎（サイエンティスト社）
『上杉鷹山』横山昭男（吉川弘文館）
『上杉鷹山のすべて』横山昭男編（新人物往来社）
『小泉政権の研究』東大法・第7期蒲島郁夫ゼミ編（木鐸社）
『徳川慶喜』家近良樹（吉川弘文館）
『戊辰戦争』佐々木克（中央公論社）
『昔夢会筆記』渋沢栄一（平凡社）
『揚子江は今も流れている』犬養健（中央公論社）
『武田勝頼』柴辻俊六（新人物往来社）
『武田勝頼のすべて』柴辻俊六・平山優編（新人物往来社）
『長篠合戦と武田勝頼』平山優（吉川弘文館）
『井伊直弼』吉田常吉（吉川弘文館）
『幕末外交と開国』加藤祐三（講談社）
『開国への布石』土居良三（未来社）
『江戸幕府崩壊』家近良樹（講談社）
『幕末維新の個性6井伊直弼』母利美和（吉川弘文館）

『独立を守った現実外交』犬塚孝明（NHK出版）
『徳川大名改易録』須田茂（崙書房出版）
『高橋是清自伝』（上・下）高橋是清（中央公論社）
『日本政党史論第五巻』升味準之輔（東京大学出版会）
『日本政治史』（2、3）升味準之輔（東京大学出版会）
『回顧と希望』馬場恒吾（読売新聞社）

第三講

『毛沢東秘録』産経新聞「毛沢東秘録」取材班（扶桑社）
『毛沢東夫人 江青の真実』揚銀禄（海竜社）
『彭徳懐自述—中国革命とともに』彭徳懐（サイマル出版会）
『消された国家主席 劉少奇』王光美（日本放送出版協会）
『毛沢東の大飢饉』フランク・ディケーター著、中川治子訳（草思社）
『毛沢東と林彪』厳家其ほか（PHP研究所）
『周恩来秘録』（上下）高文謙著、上村幸治訳（文藝春秋）
『片桐且元』曽根勇二（吉川弘文館）

『大坂の陣と豊臣秀頼』曽根勇二（吉川弘文館）
『関ヶ原から大坂の陣へ』小和田哲男（新人物往来社）

第四講
『「砂漠の狐」ロンメル』大木毅（KADOKAWA）
『「砂漠の狐」回想録』エルヴィン・ロンメル著、大木毅訳（作品社）
『信長公記』（上・下）太田牛一著・榊山潤訳（ニュートンプレス）
『本能寺の変の群像』藤田達生（雄山閣出版）
『織田政権の研究』藤木久志編（吉川弘文館）
『検証本能寺の変』谷口克広（吉川弘文館）
『桶狭間・姉川の役』旧参謀本部編（徳間書房）
『信長の戦争』藤本正行（講談社）
『桶狭間の戦い』藤本正行（洋泉社）
『今川義元』小和田哲男（ミネルヴァ書房）
『豊明市史資料編補二桶狭間の戦い』豊明市編集委員会編（豊明市）
『現代日本記録全集6日清・日露の戦役』橋川文三編（筑摩書房）

主な参考文献

『現代日本記録全集9科学と技術』吉田光邦編（筑摩書房）
『大蔵大臣回顧録』大蔵省大臣官房調査企画課編（大蔵財務協会）
『日本財政史』坂入長太郎（星雲社）
『機密日露戦史』谷寿夫（原書房）
『昭和経済史への証言』（上・中）安藤良雄編著（毎日新聞社）
『日本の近代6逆説の軍隊』戸部良一（中央公論社）
『自壊の病理』戸部良一（日本経済新聞出版社）
『日本軍兵器の比較研究』三野正洋（光人社）
『日本近代と戦争6』長谷川慶太郎他編著（PHP研究所）
『造艦テクノロジーの戦い』吉田俊雄（光人社）
『長宗我部元親』山本大編（角川書店）
『土佐長宗我部氏』山本大（新人物往来社）
『長宗我部』長宗我部友親（文藝春秋社）
『アジアのなかの戦国大名』鹿毛敏夫（吉川弘文館）
『長宗我部元親と四国』津野倫明（吉川弘文館）
『長宗我部元親』平井上総編（戎光祥出版）

『マジノ線物語』栗栖弘臣（K&Kプレス）
『巨大戦艦「大和」全軌跡』原勝洋（学研プラス）
『大坂の陣』二木謙一（中央公論社）

第五講

『足利義昭』奥野高広（吉川弘文館）
『足利将軍列伝』桑田忠親編（秋田書店）
『流浪将軍足利義昭』桑田忠親（講談社）
『蔣介石の外交戦略と日中戦争』家近亮子（岩波書店）
『蔣介石秘録』（13〜15）蔣介石（サンケイ）出版
『中国近代政治史』山田辰夫（放送大学教育振興会）
『失敗したアメリカの中国政策』バーバラ・W・タックマン（杉辺利英訳 朝日新聞社）
『中国日記』ジョゼフ・スティルウェル（みすず書房）
『国共内戦史』森下修一編（三州書房）
『福島正則』福尾猛市郎・藤本篤（中央公論社）

『関ヶ原合戦四百年の謎』笠原和比古（新人物往来社）
『石田三成』安藤英男（新人物往来社）
『上海時代』（下）松本重治（中央公論社）
『昭和史への一証言』松本重治（毎日新聞社）
『中国国民党秘史』陳公博（講談社）
『同生共死の実体　汪兆銘の悲劇』金雄白（時事通信社）
『現代史資料13日中戦争（5）』臼井勝美編（みすず書房）
『日中戦争裏方記』岡田酉次（東洋経済新報社）
『日中和平工作　回想と証言』今井武夫（みすず書房）
『幻の日中和平工作　軍人今井武夫の生涯』今井貞夫（中央公論事業出版）
『日中和平工作の記録　今井武夫と汪兆銘・蔣介石』広中一成（彩流社）
『ピース・フィーラー　支那事変和平工作の群像』戸部良一（論創社）
『漢奸裁判史』益井康一（みすず書房）
『漢奸裁判』劉傑（中央公論新社）
『梅と桜　戦後の日華関係』林金莖（サンケイ新聞社）
『産経新聞政治部秘史』楠田實編著（講談社）

『政治家田中角栄』早坂茂三（中央公論社）
『現代政治（上）』升味準之輔（東京大学出版会）
『日中国交正常化と台湾』丹羽文生（北樹出版）
『日華断交と日中国交正常化』田村重信ほか（南窓社）

第六講
『日本軍兵器の比較研究』三野正洋（光人社）
『昭和陸軍秘史』中村菊男編（番町書房）
『日本の選択第二次世界大戦終戦史録』（上中下）外務省編纂（山手書房新社）
『敗戦真相記』永野護（バジリコ）
『敗者の戦訓』森松俊夫編（図書出版社）
『大本営参謀の情報戦記』堀栄三（文藝春秋社）
『証言私の昭和史』（3〜4）テレビ東京編（文藝春秋社）
『全ラジオ産業界銘鑑』岩間政雄（ラジオ産業通信社）
『戦前日本のエレクトロニクス』平本厚（ミネルヴァ書房）
『明治大正国勢総覧』東洋経済新報社編（東洋経済新報社）

『数字で見る日本の100年』財団法人矢野恒太記念会編（国勢社）
『徳川吉宗』笠谷和比古（筑摩書房）
『徳川吉宗と江戸の改革』大石慎三郎（講談社）
『徳川吉宗』辻達也（吉川弘文館）
『享保改革の研究』辻達也（創文社）
『徳川将軍政治権力の研究』深井雅海（吉川弘文館）
『幕藩体制Ⅱ』大館右喜ほか編（有精堂）
『田沼時代』辻善之助（岩波書店）
『田沼意次の時代』大石慎三郎（岩波書店）
『田沼意次』藤田覚（ミネルヴァ書房）
『田沼意次』深谷克巳（山川出版社）

第七講

『福島正則』福尾猛市郎・藤本篤（中央公論社）
『名将宮崎繁三郎』豊田穣（光人社）
『激闘駆逐艦隊』倉橋友二郎（河出書房新社）

『島津義弘の賭け』山本博文（中央公論新社）
『江田島教育』豊田穣（新人物往来社）
『海軍江田島教育』新人物往来社戦史室編（新人物往来社）
『針尾の島の若桜　海軍兵学校第七十八期生徒の記録』（私家版）海軍兵学校第七十八会（期史編纂特別委員会）
『親子で学びたい二宮金次郎伝』三戸岡道夫（致知出版社）
『二宮尊徳翁の訓え』福住正兄著・野沢希史訳（小学館）
『名将の言葉９０』本郷和人（パイインターナショナル）
『回顧九十年』福田赳夫（岩波書店）
『産経新聞政治部秘史』楠田實編著（講談社）
『いま、理念に生きる』宮崎勇監修・柳川卓也編（上毛新聞社）

●論文

荒川憲一「開戦経緯の経済的側面」戦史研究年報第二号　防衛省防衛研究所（以下同）
葛原和三「帝国陸軍の第一次世界大戦史研究」戦史研究年報第四号

庄司潤一郎「第一次世界大戦の日本への衝撃」戦史研究年報第六号
小野圭司「明治末期の軍事支出と財政・金融」戦史研究年報第十一号
由良富士雄「太平洋戦争における航空運用の実相―運用理論と実際の運用との差異について―」戦史研究年報第十五号

〈著者紹介〉
瀧澤 中（たきざわ　あたる）
作家・政治史研究家。昭和40年東京都出身。平成13年『政治のニュースが面白いほどわかる本』（中経出版）がベストセラーとなり、時事解説を中心に著作活動を続ける。また日本経団連・21世紀政策研究所で平成23年～25年まで、日本政治プロジェクト・タスクフォース委員を務めた。政権交代の混乱期に「リーダーはいかにあるべきか」を徹底議論、報告書作成に関わる。また、『秋山兄弟　好古と真之』（朝日新聞出版）や『日本はなぜ日露戦争に勝てたのか』（KADOKAWA）等で、教育や財政面から歴史をやさしく解説し好評を得、その後『「戦国大名」失敗の研究』（PHP研究所）をはじめとする「失敗の研究」シリーズ（累計19万部）を執筆。自衛隊や日本経団連はじめ経済・農業団体、企業研修、故・津川雅彦氏主宰の勉強会で講師を務めた。マスコミで「近現代の例と比較しながら面白く読ませる」（日本経済新聞）と取りあげられるなど、“むずかしいを面白く”の信念のもと、「いまに活かす歴史」を探求する。

ビジネスマンのための歴史失敗学講義

令和元年十一月十五日第一刷発行

著者　瀧澤 中
発行者　藤尾 秀昭
発行所　致知出版社
〒150-0001 東京都渋谷区神宮前四の二十四の九
TEL（〇三）三七九六―二一一一
印刷・製本　中央精版印刷
落丁・乱丁はお取替え致します。　（検印廃止）

ISBN978-4-8009-1220-6 C0034
ホームページ　https://www.chichi.co.jp
Eメール　books@chichi.co.jp